오래된 질문

내 안의 두려움을 마주하는
인생의 지혜를 찾아서

다큐멘터리 〈Noble Asks〉 제작팀 | 장원재 지음

오래된 질문

다산
초당

누구나
마주하게 되는
질문들

살다 보면 문득 마주하게 되는 질문들이 있다.

인생에서 고통스러운 일은 왜 일어나는가?
그걸 피할 순 없을까?
불안과 허무, 분노와 질투 같은 감정들,
분명 내 마음에서 일어나는 것인데 왜 내 마음대로 안 될까?
우리가 태어나서 살아가야 하는 이유가 있을까?
또 어떻게 살아야 제대로 사는 걸까?

이런 질문들이 떠오를 때면, 답을 쉽게 찾지 못하고 달리던 길을 멈춰서게 된다. 우리의 마음을 헤집는 인생의 난제들을 유연하게 풀어낼 순 없을까? 끊임없이 요동치는 감정과 주체할 수 없는 욕망이 진정 나 자신의 것인지도 의문스럽다. 세상이 규정하지 않은, 진정한 나는 과연 어떻게 찾을 수 있을까? 모든 질문은 결국 나라는 존재에 대한 의구심으로 귀결된다.

불안과 고통의 원인은 무엇이며, 날뛰는 감정을 다스릴 방법은 없는지, 삶과 존재의 의미에 대한 의문은 어떻게 해결할 수 있는지, 많은 사람이 똑같은 자리를 맴돌며 답을 찾아 헤맨다. 하지만 살면서 누구나 마주하게 되는 이런 물음에 개인이 답을 구하기는 쉽지 않다. 어쩌면 당연하다. 이런 문제들은 인류가 지구상에 생존해오면서 계속 지녀온, 가장 오래된 질문들이기 때문이다.

그런데 인류가 그토록 오래 품어온 질문이라면 그 답을 찾은 사람은 없었을까? 철학, 심리학, 과학, 종교 등 다양한 분야에서 많은 이가 그 답을 찾으려 노력해왔다. 특히 오늘날에는 심리학, 뇌 과학, 생명과학 분야 등에서 다양한 과학적 해석들이 등장하고 있다. 하지만 아직까지 어떤 해석도 명쾌한 답을 내려주지는 못한다.

우리의 여정은 여기서부터 출발했다. 앞선 이들의 족적을 참고하면서도, 새로운 방향의 길을 모색해보려 했다. 바로 과학과 종교, 동양과 서양의 만남이다. 영국의 생물학자인 데니스 노블과 한국의 고승 네 분이 주고받은 대화는 서로 완전히 다른 것처럼 보였던 과학과 종교 사이의 활발한 교류를 가능하게 해주었다.

옥스퍼드의 대석학, 한국 사찰을 방문하다

그를 처음 만난 건 일본 도쿄의 한 호텔에서였다. 어느 학술대회에 참가하기 위해 아침 일찍 도쿄 시내에 도착했다는 소식을 듣고, 새 다큐멘터리를 기획 중이던 나는 감독님과 함께 서둘러 그곳으로 향했다. 잠시 기다리자, 낡은 슈트를 걸친 백발의 노신사가 성큼성큼 호텔 로비로 걸어 들어왔다. 옥스퍼드대학교의 대석학이자 생물학 분야의 세계적 권위자, 데니스 노블 명예교수였다. 열두 시간 비행에 빡빡한 일정까지 겹쳤으니 분명히 피곤할 법한데, 한 점 흐트러짐 없는 표정이었다.

우리는 사전에 요청했던 간단한 인터뷰를 진행했다. 주로 그가 평생을 연구해온 주제인 '생명은 무엇인가'에 대한 것이었다. 우리가 질문을 던질 때마다 그는 할 말을 고르기 위해 한 호흡 쉬곤 했는데, 다시 고개를 들 때에는 전혀 다른 사람이 되어 있었다. 카메라를 정면으로 응시하는 두 눈이 강렬하게 반짝였다. 목소리는 나직하고 몸짓은 단정했으나, 그 너머에 거대한 생명력이 느껴졌다. 그는 마치 고요하고 울창한 숲 같았다. 우리는 그에게 단번에 매료되었다.

데니스 노블 교수는 한국 사찰 여행을 다큐멘터리로 만들고 싶다는 우리의 제안을 흔쾌히 승낙했다. 이미 오래전부터 불교 사상에 깊은 관심을 가지고 있던 데다가, 특히 원효대사에게 각별한 애정을 품고 있어서 자신의 저서에서도 언급했을 정도였다. 서울대학교 의과대학의 엄융의 명예교수는 노블 교수가 한국 사찰을 방문할 때 안내자 역할을 맡아주겠노라 했다. 두 분은 40년 전 옥스퍼드대학교에서 사제지간으로 처음 만났고, 지금까지 매우 각별한 인연을 이어오고 있는 사이다. 엄융의 교수와 옥스퍼드대학교의 김성희 보이스 프롬 옥스퍼드(VOX) 대표, 그리고 수많은 스태프의 헌신으로 우리의 여정은 다채롭게 빛날 수 있었다.

봄이 한창 피어오르던 어느 날, 두 노교수는 커다란 트렁크 가방만 하나씩 끌고 집을 나섰다. 서울 봉은사에서부터 시작해 통도사, 실상사, 백양사 천진암을 거쳐 한반도 땅끝에 위치한 미황사에 이르기까지. 전국 곳곳에 흩어져 있는 유서 깊은 사찰들을 차례로 방문했다. 나를 비롯한 촬영 스태프들이 그 뒤를 바싹 쫓았다.

여행하는 동안 그들은 템플스테이를 했다. 사찰의 일상에 흠뻑 젖어들고 싶다는 뜻에서였다. 정해진 일과에 따라서 깜깜한 새벽 4시에 일어나 예불에 참석했고, 점심으로 먹을 채소를 손수 채집했으며, 다른 행자들과 함께 빗자루를 들고 경내 마당을 청소했다. 그러는 사이 여러 스님과 만나 어울렸다. 말이 통하지 않는 먼 이국땅에서 온 낯선 손님을 스님들은 따스하게 맞아주었다.

통도사의 큰 어른이신 성파 스님은 불교라는 드넓은 사유의 첫 관문을 활짝 열어주셨다. 성파 스님과의 첫 만남에서 데니스 노블 교수는 마음속으로 '내가 올바로 찾아왔구나' 하고 기쁘게 외쳤다고 했다. 실상사의 도법 스님은 자신만의 언어로 붓다의 가르침을 전해주셨다. 그분의 이야기는 언제나 쉽고 재미있고 명쾌했다. 미황사에서 만난 금강 스님은 마음을 다스리는 참선 명상에 대해 가르쳐주셨다. 스님과 함께 참선하며 걸었던 아름다운 달마고도 순례길은 그야말로 치유의 여정 그 자체였다. 전 세계적인 주목을 받고 있는 정관 스님의 사찰음식은 식재료를 마련하고 요리하고 먹는 그 모든 과정이 특별했다. 스님은 자신의 보물 1호인 장독을 구경시켜 주셨는데, 한국에서 나고 자란 나조차 처음 맛보는 진짜 장맛이었다. 데니스 노블 교수는 그 맛에 담긴 자연의 섭리를 오래도록 음미했다.

오늘도 삶이 괴롭고 두려운 이들에게

함께 차를 마시고 명상을 하고 숲길을 걷고 밥을 먹으면서, 과학자와 스님들은 서로 각자의 방식대로 묻고 답했다. 과학과 종교로 서로 다른 길을 걸어온 것 같지만, 사실 그들은 모두 똑같은 질문, 인생에 관한 가장 본질적인 질문들을 가슴속에 품고 평생 그 답을 찾으며 살아왔다. 서로 방식은 달랐으나 열망의 크기만큼은 다르지 않았다. 함께 나눈 말과 말 사이에, 그들이 진리 탐구에 골몰해온 수많은 시간이 깃들어 있었다.

그들의 대화에 언어의 장벽은 큰 문제가 되지 않았다. 서로 손짓 발짓을 하거나 눈빛을 나눴는데, 시간이 갈수록 통역을 필요로 하지 않는 날이 점점 늘어났다. 어느 바람 좋은 날엔 그저 나란히 앉아서 암자를 둘러싸고 있는 울창한 숲을 한참 동안 말없이 바라보고 있기도 했다. 정관 스님은 그 푸른빛의 장관을 '여름 단풍'이라고 불렀다.

한 계절이 지나고 여행이 한창 무르익어 가던 어느 날이었다. 한가롭게 경내를 산책하던 정관 스님이 갑자기 오른손을 들이 공중에 크게 원을 그리기 시작했다. 노블 교수도 그 동작을 따라 했다. 계속해서 원을 그리면서 스님께서 천천히 말문을 열었다.

"들이쉬고 내쉬고, 높음이 있으면 낮음이 있고, 젊음이 있으면 늙음이 있고. 보이는 모든 것이 다 그렇죠. 나고 죽고 나고 죽고….”

그 모습을 뚫어지게 바라보며 집중하고 있던 노블 교수는 아주 미세하지만 분명하게 고개를 한 번 끄덕이더니 스태프들에게 통역을 해주지 않아도 괜찮다는 사인을 보냈다.

“알아들을 것 같아요. 스님, 지금 생명의 순환에 대해 말씀하시는 거죠?”

그리고 한동안 각자의 언어로 기이한 대화를 이어갔다. 스님이 한국어로 설명하면 노블 교수가 영어로 받아서 이어가는 식이었다. 그 자리에 있던 모두가 숨을 죽였다. 그 순간 나는 인간이 쌓아 올린 모든 장벽은 충분히 우리 스스로 무너트릴 수도 있다는 것, 그렇게 무너트린 벽 너머에 새로운 소통의 차원이 존재한다는 것을 실감했다.

과학자와 스님들의 대화는 서로의 경계를 지우고 너른 사유의 바다를 자유로이 넘나들었다. 동양과 서양, 종교와 과학의 구분도 어느덧 사라졌다. 과학자는 스님 같았고, 스님은 과학자 같았다. 노블 교수의 말은 딱딱하게 굳은 마음을 따스하게 녹여주었고, 스님의 말은 뿌옇게 가린 듯 답답한 시야를 밝혀주었다. 깊고 높고 그윽한 이야기들이 꽃비처럼 쏟아져 내렸다. 우리는 그 순간을 조금이라도 놓칠세라 숨 가쁘게 카메라에 담았다. 그럼에도 그 전부를 영상에 담을 수는 없었다.

이 책은 바로 그 여정에서 직접 들었던 노블 교수와 스님들의 말을 가다듬어 엮은 것이다. 영상에는 미처 담지 못한, 순간순간 가슴에 날아와 꽂히던 귀한 말들을 차마 그냥 흘려보낼 수 없었기 때문이다. 설령 불교 신자가 아니고 과학에 대해서 잘 모른다고 해도 읽는 데는 아무런 문제가 없다. 지식이나 신앙 유무와 관계없이, 괴로움을 떨치고 삶의 지혜를 구하려는 모든 이를 위한 가르침이기 때문이다.

이 책에 실린 노블 교수와 스님들의 이야기는 서로 독립적이면서도 하나로 연결된다. 도법 스님이 말씀하신 이 세상의 모습처럼 '따로 또 같이', 그러니까 각각 별개인 동시에 전부가 하나로 이어져 있다. "하나 안에 일체가 깃들고 여럿 안에 하나가 깃드니, (…) 한 티끌이 온 우주 품어 안고 온갖 티끌들도 그러하다"라는 의상 조사의 「법성게」 구절처럼, 한 편 한 편의 글들은 작지만 그것이 모두 모이면 서로를 비추고 확장되어 더없이 큰 울림을 줄 것이다. 말 그대로 영혼을 치유하는 약이 되어 줄 이 글들을 통해 인생을 바라보는 시야를 넓힐 수 있기를 바란다.

2021년 봄
장원재

1부

삶은 왜 괴로운가?

긴
여정을
시작하며

– 데니스 노블

살면서 계속 간직해온 질문이 하나 있습니다.

"What is Life?"

즉, 생명이란 무엇이며 삶이란 무엇인가. 과학이 과연 그 진실을 밝혀낼 수 있을까. 저는 평생 이 문제를 붙잡고 연구해왔습니다. 지난 50여 년 동안 옥스퍼드대학교의 생물학자로 살아오면서 매일같이 마주해왔던 질문입니다.

요즘에는 이런 말을 흔하게 들을 수 있습니다. "나는 이렇게 타고났어. 내가 이러는 건 다 내 유전자 때문이야!" 아마도 많은 사람이 실제로 학교에서 그렇게 배웠을 겁니다. 우리가 생각하고 행동하는 모든 것, 존재를 규정하는 가장 큰 요소가 바로 유전자에 달려 있다고 말이죠. 이처럼 인체를 소위 '유전자 세트'로 보고, 내 유전자가 내가 어떤 사람이 될지 결정짓는다는 유전자 결정론이 오랫동안 진실인 것처럼 알려져 왔습니다. 하지만 그건 사실이 아닙니다.

사람의 유전자 정보를 담고 있는 DNA는 마치 알파벳 글자와 같습니다. 내 몸 안에 있는 DNA라는 글자를 가지고 우리는 아주 두껍고 커다란 책을 만들어내죠. 그 책이 바로 생명입니다. 쉬운 예를 들어볼까요? 저는 한글로 쓰인 책 속 문장을 소리 내어 읽을 수는 있지만, 그게 어떤 의미인지는 잘 모릅니다. 글자를 읽는 법만 배웠거든요. 마치 책 안에 적힌 글자 하나하나가 그 책이 아닌 것처럼, 몸 안에 있는 유전자가 곧 우리인 것은 아닙니다. 글자는 그들이 사용되는 언어를 벗어나면 아무런 의미가 없고 유전자 또한 생명체 밖에서는 무의미한 상징에 불과하기 때문이죠.

만약 몸속에서 DNA를 끄집어내어 접시에 담아놓고 배양액에 담근 다음, 영양분을 충분히 공급해준다고 합시다. 그 접시 안에서 생명이 탄생할까요? 수천 년을 기다려도 아무 일도 일어나지 않을 겁니다. 하나의 분자로서 DNA는 어떤 형태의 성질도 가질 수가 없어요. 오직 우리 안에서만 살아 있는 거죠. 따라서 생명이란, 유전자만으로 설명할 수 없습니다.

유전자도 뇌도 아니면, 도대체 나는 무엇인가?

어떤 과학자들은 나라는 존재의 비밀이 우리 두뇌 속에 있는 게 아닐까 생각합니다. 하지만 이번에도 비슷한 예를 들어 봅시다. 내 머리 안에 있는 두뇌를 끄집어내어 접시에 담아 영양소를 가득 채워놓는다고 하더라도, 그것이 나라는 생명과 동일할까요? 그럴 리 없죠.

나는 유전자가 아닙니다. 나는 뇌도 아닙니다. 그럼 도대체 무엇이 '나'입니까? 무엇이 '데니스 노블'을 규정하는 걸까요. 과연 제 안에는 데니스 노블을 데니스 노블로 만드는 뭔가가 존재하긴 하는 걸까요? 현대 과학은 여전히 만족할 만한 답을 내놓지 못하고 있습니다. 생명이 무엇인지 그 실체에 대해 어떤 위대한 과학자도 정확한 답을 이야기할 수 없을 겁니다. 하지만 알게 된 것들도 분명히 있습니다.

저는 오랜 연구 끝에 살아 있는 유기체의 의미에 대해서 많은 서구 과학자와 전혀 다른 시각을 갖게 되었습니다. 다수의 과학자는 살아 있는 유기체를 주로 DNA에 의해 결정되는 것으로 봅니다. 그러나 분자로서의 DNA는 생명이 아닙니다. 그 어떤 분자도 홀로 살아 있을 수 없습니다. 생명은 단백질, 세포, 장기, 그리고 시스템으로 구성된 여러 네트워크의 상호작용에 의존합니다. 따라서 생명이란 DNA나 두뇌에 종속된 것이 아니라, 서로 긴밀하게 연결되어 끊임없이 교류하는 하나의 시스템입니다.

그런데 이런 연구를 오랫동안 거듭하면서 저는 아주 놀라운 사실을 발견했습니다. 생명을 바라보는 제 견해가 전통적인 동양 사상과 맞닿아 있으며, 특히 불교의 개념과 여러 면으로 유사하다는 점을 알게 된 겁니다. 지난 수천 년 동안, 동양의 불교 지도자들은 기도나 명상과 같은 수행법을 통해서 '생명이란 무엇인가', '나는 누구인가'에 대한 해답을 찾아왔습니다. 예컨대, 불교의 아주 중요한 개념인 '무아(無我)'나 '연기(緣起)'를 들 수 있죠. 놀랍게도 저는 그들과 정반대에 있다고도 볼 수 있는 과학적 접근을 통해서 같은 결론에 도달하게 된 것입니다.

저는 불교 신자는 아닙니다. 하지만 아주 매력적인 철학이라고 생각하고, 거기서 제 생물학 연구와도 많은 유사점을 발견하고 있는 과학자입니다. 모두가 저를 교수님이라고 부르지만, 어떤 면에서 저는 여전히 학생이기도 합니다.

"스스로 현명하다고 말하는 사람은 진정으로 현명한 사람이 아니다." 동아시아의 어느 위대한 사상가는 이렇게 말했습니다. 누군가 자신이 아주 현명하다고 여긴다면, 안타깝게도 그건 사실이 아닐 겁니다. 이 세상에 완벽하게 지혜로운 사람은 없습니다. 배워야 할 것은 항상 있죠. 우리가 지혜로 가는 여정 위에 있을 수는 있지만, 어느 누구도 그 여정의 종착지에 도달

할 수는 없습니다. 배울 것은 언제나 계속 남아 있을 테니까요.

저는 지난 20년 가까이 불교를 공부했습니다. 불교학으로 유명한 리처드 곰브리치 교수님과 스테파노 자게티 교수님 등에게 배웠죠. 평생 생물학만 공부하던 제가 불교를 배우고, 진정한 배움의 의미에 대해 깨닫고 갈구하게 된 것은 제 삶에서 가장 중요한 어떤 사건 때문이었습니다. 개인으로선 도무지 감당하기 어려웠던, 커다란 시련을 겪게 되면서부터였습니다.

인간은 왜 고통을 겪을까?

저는 꽃밭이나 나무를 가꾸는 일을 무척 좋아합니다. 여덟 살 무렵부터 이웃집 정원을 대신 관리해주고 용돈을 벌곤 했죠. 요즘에도 저는 집에 있는 작은 정원을 가꾸는 데 많은 시간을 보내곤 합니다. 아무것도 없는 허허벌판에 작은 꽃과 나무를 심어, 지금의 아름다운 모습으로 꾸미는 데까지 30년이 걸렸습니다. 그중에서도 특별히 정성 들여서 키우는 붉은 단풍나무 한 그루가 있습니다. 바로 그 아래에 제 아내가 잠들어 있죠. 생전에 아내가 정말 좋아하던 장소였기에, 그곳에 묻히는 것을 분명히 기뻐하리라고 생각했습니다.

젊은 시절, 아내는 명석하고 촉망받는 과학자였으며 무척

밝고 외향적인 사람이었습니다. 취미도 다양했는데, 특히 연극과 연기에 관심이 많았어요. 하지만 노년기에 접어들면서 점점 내향적으로 변하기 시작했습니다. 흔히 우울증이라고 부르는 정신적인 문제들을 겪었어요. 점차 증세가 나빠져서 말년에는 아무도 만나고 싶어 하지 않았죠.

저는 아내의 상반된 모습을 모두 기억합니다. 사람들과 어울리길 좋아하고 적극적으로 생각과 감정을 표현했던 열정적인 사람, 그리고 마음의 문을 닫아버린 채 내면의 슬픔에만 잠겨 있던 사람, 전혀 다른 두 가지 모습을요. 그런 아내의 죽음은 삶과 죽음에 대한 태도뿐만 아니라, 삶 전체를 완전히 뒤바꿔놓았습니다.

아내는 긴 투병 생활 끝에 세상을 떠났습니다. 2015년 10월 4일이었어요. 그날 저는 몹시 슬펐지만, 동시에 일종의 안도감을 느꼈어요. 아내는 오랫동안 우울증으로 인한 약물 부작용과 각종 합병증에 시달려야 했고, 매일같이 병원을 드나들었죠. 이제야 그런 힘겨운 상황에서 벗어났다는 사실에 안도했던 것 같아요.

누군가의 죽음은 쉽게 극복할 수 없습니다. 도무지 잊히지 않죠. 사실 저는 지금도 노력하고 있어요. 15년이 넘는 긴 시간 동안 조금씩 죽음에 가까워지는 아내의 마지막 순간들을 지켜보면서 저는 전보다 삶에 대해 깊이 생각하게 됐어요.

그만큼 투병 기간은 길고 혹독했습니다. 상태가 점점 악화되자 아내는 집 밖으로 한 발자국도 나올 수 없게 되었죠. 24시간 내내 누군가의 보살핌이 필요했습니다. 그런 상태가 몇 년 동안이나 지속됐어요. 저는 아내를 보살피면서 낮에는 대학교에서 근무하고, 집 안팎의 일들을 하느라 쉴 틈 없이 바빴습니다. 낮에는 간호사 분들이 아내를 보살피기 위해 집에 오셨지만, 저녁부터 아침까지는 제가 아내를 보살펴야 했습니다.

그러던 어느 날이었습니다. 여느 때처럼 일이 끝나자마자 쏜살같이 집으로 달려와 아내를 보살피고 간신히 잠이 든 모습을 지켜봤습니다. 그 후에 다시 1층으로 내려와서 어질러진 집 안을 대충 정돈하고 시계를 봤더니 자정이 넘은 거예요. 완전히 지쳐서 손가락 하나 까딱할 힘도 없이 주저앉아 있는데, 불현듯 다음날 아침 일찍부터 일어나서 해야 할 일들이 머릿속에 떠올랐죠. 순간 주체할 수 없이 화가 치밀어 올랐습니다. 허공에 대고 미친 사람처럼 소리를 질렀어요. "왜 이런 일이 일어난 거지? 도대체 나보고 어떻게 하라는 거야?" 하고요.

누구나 그런 상황에 닥치면 커다란 분노와 좌절감을 느끼게 될 겁니다. 사랑하는 가족을 위해서 내가 마땅히 해야 하는 일이라 생각하고, 어떻게든 해내려고 죽을힘을 다하죠. 하지만 어느 순간 다리에 힘이 풀리고 속이 와장창 무너져 내리는 때도 있습니다. 저 역시 그랬죠. 슬프게도 저뿐만 아니라 인간이라면 누구나 이런 종류의 일들을 겪게 됩니다. 개인의 의지로 어쩔 수 없는 커다란 문제가 불시에 닥치고, 그 과정에서 뜻하지 않은 고통을 마주하게 되죠.

삶, 그리고 생명의 진리를 찾아서

오랫동안 생물학을 연구해오면서, 그리고 아내의 긴 투병 생활을 함께하면서 저는 한 가지 결심을 하게 되었습니다. 지금까지 간직했던 질문들, 즉 우리의 생명과 삶에 관한 질문들에 대한 제 나름의 답을 찾아보겠노라고 말입니다.

그래서 처음 한국의 유서 깊은 사찰들로 여행을 떠나지 않겠냐는 제안을 받았을 때, 그동안 간절히 꿈꿔왔던 일이 이루어졌다고 생각했습니다. 조금도 주저하지 않고 가방을 싸게 되었죠. 제 과학적 입장과 맞닿아 있다고 느낀 불교를 좀 더 깊이 연구하고, 그 사상을 몸소 실천해오신 스님들을 직접 만나 훌륭한 가르침을 배울 수 있는 기회이니까요. 저는 이 여정을 통해 현대 과학과 불교 사이에 아직 발견하지 못한 유사성이 더 있는지 알아보고 생명의 진리에 한 발짝 더 가까이 다가서고자 합니다.

데니스 노블 교수와 이야기를 나눈
한국을 대표하는 큰스님들

성파

● 한국 불교의 어른. 통도사에서 출가해 주지를 역임했다. 염색, 옻칠 민화, 도자기 분야 등에서 단절된 전통 기법을 되살리는 작업으로 2017년 옥관문화훈장을 수훈했다. 현재 조계종 원로회 의원이자 통도사 방장으로 있으면서 다양한 활동을 하고 있다.

도법

● 붓다의 가르침을 삶으로 실천하는 큰스님. 제주에서 태어나 열여덟 살 되던 해 출가했다. 1990년 선우도량을 만들어 청정불교운동을 이끌었고, 10년간 실상사 주지를 역임했다. 현재 실상사 회주로 있으면서, 인드라망 생명공동체운동을 통해 20년 넘게 귀농 운동, 대안 교육, 생명 · 평화운동을 펼치고 있다. 저서로 『지금 당장』, 『내가 본 부처』, 『붓다, 중도로 살다』, 『망설일 것 없네 당장 부처로 살게나』 등이 있다.

정관

● 한국 사찰음식을 전 세계에 널리 알린 '철학자 셰프'. 백양사 천진암 주지로 있으면서, 특유의 철학이 담긴 채식 요리로 각광을 받았다. 넷플릭스 다큐멘터리 〈셰프의 테이블 시즌3〉에 출연해 《타임스》, 《가디언》 등 세계 언론이 주목하는 스타 셰프가 되었고, 사찰음식의 맛과 철학을 국내외에 널리 알리고 있다.

금강

● 한국을 대표하는 선 지도자. 천년 고찰인 미황사의 주지를 20년간 역임하며 해남을 대표하는 명소인 달마고도를 기획했으며, 땅끝마을에 위치한 산중 사찰을 템플스테이, 참선 수행, 한문학당 등 다양한 프로그램을 통해 매해 수천 명이 찾는 명소로 만들었다. 현재 미황사를 떠나 제주도 원명선원에 정착, 선 명상을 대중에게 알리는 일과 중앙승가대학교에서 후학을 양성하는 일에 힘쓰고 있다.

1부

삶은 왜 괴로운가?

노블 교수와 스님들이 처음으로 다룬 화두는 바로 '고통'이다. 우리는 다양한 시련을 겪으며 삶의 본질에 대한 고민을 하기 시작한다. 도법 스님은 열아홉 살 무렵 갑작스러운 어머니의 죽음 이후, 노블 교수는 아내가 투병 생활로 무너져가는 모습을 보면서 더욱 열정적으로 진리 탐구에 매진하게 되었다. 언제 어디서나 고통은 피어난다. 그 이유도 몹시 다양하다. 돈이 없어서, 일이 잘 안 풀려서, 아무도 날 이해해주지 않아서…. 그런데 정말 그래서 삶이 괴로운 것일까?

고통의 외피가 아닌, 가려진 민낯을 제대로 바라볼 필요가 있다. 노블 교수와 스님들은 우리 삶이 고통스러운 진짜 이유를 해석하고 그에 대처하는 방법을 제시하고자 했다. 모두가 외면하고 싶은 두려움인 죽음이라는 화두를 놓고서도 오랜 시간 대화를 나눴다.

노블 교수가 방문한 첫 사찰은 양산 통도사였다. 통도사는 붓다의 실제 몸에서 나온 유해인 진신사리가 모셔져 있는 불보(佛寶)사찰로 한국 불교의 성지다. 성파 스님은 대담에 앞서 진신사리를 모셔놓은 적멸보궁으로 우리를 안내했다. 불가의 오랜 가르침을 받들고자 결심한 이들이 해마다 이곳을 찾아와 계(戒)를 받고 출가해 승려의 삶을 시작한다. 노블 교수는 진신사리를 마주한 뒤 긴 생각에 잠겼다. 붓다의 지혜는 무려 2600여 년을 거슬러 수많은 수행자의 삶을 통해 전해오고 있다. 그 자취를 찾아 떠나는 지적 여정이 비로소 첫발을 내딛는 순간이었다.

붓다는 다음 물음에 답하고자 출가했다. "삶은 생로병사로 인해 고통스럽다. 그 고통에서 벗어날 수는 없을까?" 인간 붓다 역시 우리와 다름없는 많은 고난을 겪었다. 전쟁으로 조국이 망하고 가족이 피살되는 참극을 겪었고, 심한 식중독에 걸려 괴로워하기도 했다. 그러나 그는 고통을 키우거나 외면하는 대신 똑바로 직시하고 다스리는 법을 설파했다.

삶의 고통으로부터 자유로워지고 지혜롭게 살기 위해선 먼저 자신의 내면으로 시선을 돌리고, 그 아득한 심연을 들여다보아야 한다. 고통의 본질을 깨닫고 제대로 대처하는 법을 배우면 쓸데없는 고통의 연쇄에 매이는 일을 피할 수 있다. 우리가 얻을 수 있는 진정한 행복은 바로 거기서부터 시작된다.

고통에서
벗어나려면

○

　　　　　　　　　　　　인간은 누구나 고통을 느낍
니다. 마음이나 육체의 병 때문에, 일 때문에, 사람 때문에… 살
다 보면 정말 다양한 이유로 고통을 받죠. 이 고통이라는 주제
는 불교에서도 매우 중요합니다. 많은 사람이 불교의 가르침을
어려워하는데, 사실 그저 우리의 고통을 이해하려는 사상이라
고 생각하면 쉽습니다.

　부처님이 스스로 터득하고 우리에게 가르쳐주려고 했던 깨
달음은 얼마 되지 않아요. 오랜 시간에 걸쳐 겹겹이 덧붙여진
언어의 껍질을 걷어내고 그 속의 알맹이를 들여다보면 매우 단
순명료한 내용이 남습니다. 이렇게 한번 질문해보죠. 목이 마

를 때는 어떻게 합니까?

물을 마셔야죠. 목마르면 물 마신다. 물을 마시면 목마름이 해결된다. 이 간단한 사실을 가르치는 게 불교 철학의 기본입니다. 목마르면 고통스럽지 않습니까. 지금 당장 목이 말라서 입이 바짝 타들어가고 혓바닥이 쩍쩍 갈라지고 있는데, 정좌하고 바로 앉아 명상을 하면 그 고통이 사라질까요? 책을 읽고 공부를 열심히 한다고 해서 해결될까요? 아니면 평소에 돈을 많이 벌어다가 침대 밑에 쌓아두면 해결될까요? 절대 그렇지 않죠. 목말라서 생기는 고통은 오로지 물을 마셔야만 해결되는 거예요.

'고통은 왜 발생하는가.' 그리고 '고통에서 벗어나려면 어떻게 할 것인가.' 이 두 질문에 대한 해답을 찾는 게 불교입니다. 그러기 위해서는 먼저 고통의 원인을 잘 알아야만 하죠. 원인을 알아야 그것을 해결하는 일도 제대로 할 수 있죠. 사실을 정확하게 직시하고 그것에 맞게 문제를 다루면 우리의 삶은 매우 단순명료해집니다.

모르는
것이
병이다

○

우리를 둘러싼 수많은 고통
들, 사회적 갈등이나 심각한 문제들, 지금 당신이 앓고 있는 걱
정과 불안 같은 여러 괴로움에서 벗어나게 해주는 약이 있다고
합시다. 그런데 정작 환자 본인이 그 약을 거부한다면 어떨까
요? 부처님은 이렇게 말했습니다.

나는 훌륭한 의사와 같아서 병을 알아 약을 주는 것이니

환자가 복용하고 복용하지 않는 일은 의사도 어찌할 수 없다.

다리가 아픈 사람에게 그에 맞는 약을 주었는데 그가 먹지

않으면 어떻게 되겠습니까? 혹은 배 아픈 사람이 그 약을 먹겠다고 하면 어떻게 될까요? 의사가 아무리 좋은 약을 처방해줘도 환자가 먹지 않으면 아무 소용이 없습니다. 자신이 어디가 아픈 줄도 모르고 엉뚱한 약을 먹어도 마찬가지입니다.

그래서 아는 것과 모르는 것을 명확하게 구별하는 것이 중요합니다. 그게 깨달음이죠. 참된 깨달음을 얻고 싶다면, 다시 말해 잘 알고 싶다면, 먼저 중요한 것이 있습니다. 지금 내가 모르는 게 무엇인지 정확하게 알아야 하는 것이지요.

요즘 사람들은 너무 많이 알아요. 그런데 너무 많이 알다 보니까, 정작 자신이 어떤 걸 모르는 줄은 모르는 거예요. 쓸데없이 아는 건 많은데 자기 자신이 누구인지, 지금 어떤 상태인지는 잘 모르고 살아가죠. 정작 중요한 것을 모르는데, 그 모른다는 사실조차 모르고 살고 있어요.

중요한 건 쓸데없는 걸 많이 아는 게 아닙니다. 내가 모른다는 것을 아는 것이죠. 모르고 있다는 걸 모르는 것, 그게 가장 큰 병입니다.

장님
코끼리
만지기

●

　　　　　　　　　　　　원효 스님은 깨달음에 대해
재미있는 비유를 남겼습니다. 바로 '장님 코끼리 만지기' 비유
지요. 원효 스님의 사상은 이론적으론 복잡하고 어려워 보이
지만, 사실은 이 비유 속에 그 참뜻이 담겨 있다고 해도 과언이
아닙니다.

　눈먼 장님들이 코끼리를 만집니다. 그런데 코끼리의 생김새
에 대해 물으니 다리를 만진 이는 기둥 같다고 하고, 몸을 만진
이는 벽 같다고 말합니다. 모두 직접 만져봤으니 자신의 주장
이 옳다고 강하게 확신합니다. 그래서 열 사람이 만지면 열 사

람이 다 싸움판에 휘말리죠. 이렇게 끊이지 않는 싸움 탓에 장님들은 매우 고통스럽고 불행합니다.

어떻게 하면 이 괴로운 싸움을 끝낼 수 있을까요? 장님들이 눈을 뜨고 코끼리의 실체를 볼 수 있다면 모든 논쟁은 자연스럽게 해소될 겁니다. 바로 이처럼 마음의 눈을 뜨는 것을 불교에서는 깨달음이라고 합니다. 깨달음을 너무 어렵고 복잡하게 생각할 필요는 없습니다. 눈을 뜨고 실상을 보는 것이 곧 깨달음이지요.

이 세상의 실제 모습, 자기 자신의 실제 모습이 바로 '코끼리'라고 할 수 있습니다. 참모습에 대한 무지, 왜곡된 이해와 인식이 수없이 많은 싸움을 만듭니다. 눈을 뜨고 코끼리를 보는 순간, 모든 다툼이 해결되고 그로 인한 고통과 불행에서 자유로워지죠. 이처럼 문제를 있는 그대로 관찰하고 실상을 제대로 파악하면, 그 안에서 해답은 저절로 나오게 되어 있습니다.

그런데 우리는 대개 엉뚱한 데 중점을 두고 문제를 해결하려 합니다. 눈을 뜨거나 진짜 코끼리를 보는 데는 별로 관심이 없고, 서로의 의견을 바꾸려 애씁니다. 다른 주장을 하는 상대를 어떻게 설득하고 합의할 것인가, 혹은 어떻게 이기고 제압해서 다툼을 끝낼 것이냐에 골몰하는 거죠. 그러한 합의와 절충은 당장의 불을 끌 수 있을지는 몰라도 진정한 해결책은 못

됩니다. 코끼리의 반은 기둥이고 반은 벽이라는 식으로 극적인 타협을 본다 하더라도, 머지않아 새로운 시비를 따지는 장님이 나타날 테니까요. 결국 싸움은 끝없이 반복되겠죠. 오로지 실체를 온전히 파악해야만 문제를 제대로 해결할 수 있습니다.

두 번째
화살을 피하라

●

　　　　　　　　　고통스러운 일은 예고 없이
들이닥칩니다. 불교에서는 이를 화살로 비유하죠. 경전에 보면
깨달음을 얻은 사람, 또는 자기 참모습을 잘 알고 사는 사람은
'두 번째 화살'을 맞지 않는다고 말해요. 왜 첫 번째 화살이 아
니고 두 번째 화살이냐, 첫 번째 화살은 누구나 맞기 때문입니
다. 부처님도 결코 예외가 아니지요.

　하지만 깨달은 사람과 그러지 못한 사람의 차이는 그 이후
에 있습니다. 깨달은 사람은 첫 번째 화살만 맞지만, 깨닫지 못
한 사람은 두 번째, 세 번째 화살을 연이어 맞는 거죠.

　여기 길가에 아름다운 꽃 한 송이가 피어 있습니다. 누구든

지 꽃을 보고 좋다는 감정을 느낄 수 있죠. 그걸 첫 번째 화살이라고 합니다. 첫 번째 화살은 누구나 다 맞게 되어 있어요. 부처님도 꽃을 보면서 '이야, 저 꽃이 참 아름답다' 하며 꽃의 아름다움을 마음껏 즐길 겁니다.

그런데 깨닫지 못한 사람들은 '이야, 저 꽃이 참 아름답다' 하는 데서 그치지 않고, '저 꽃을 꺾어 가져가서 내 방에 놓으면 더 좋겠다'로 이어지는 거예요. 이게 바로 문제의 두 번째 화살입니다. 그러면 어떻게 될까요? 두 사람만 있어도 서로 꽃을 가져가겠다고 싸우겠죠.

두 번째 화살을 맞지 않으면 꽃 한 송이로도 칠십억 인구가 그 아름다움을 다 같이 만끽할 수 있어요. 그런데 두 번째 화살을 맞게 되면, 지구 전체가 싸움판이 되어버립니다. 두 번째 화살을 맞는가, 안 맞는가는 완전히 다른 결과를 가져옵니다.

한 가지 예를 더 들어봅시다. 여기 아주 나쁜 짓을 한 사람이 있어요. '저 나쁜 놈.' 부처님도 이것까지는 가는 거예요. 그런데 우리는 거기서 더 나아갑니다. '저 나쁜 놈' 하면 곧바로 분노, 증오, 적개심이 이어지죠. 소위 정의감이 강하다는 사람일수록 그런 감정이 더 강하게 표출됩니다. 이게 두 번째 화살인 거예요.

이렇게 두 번째 화살, 세 번째 화살을 맞으면 점점 나의 고통이 불어납니다. 우리 주변에 보면 사소한 시비가 눈덩이처럼 커지는 경우를 흔히 볼 수 있죠. 아파트 소음 때문에 주먹다짐을 하고, 주차 문제로 살인도 일어납니다. 이런 일들이 일어나는 원인은 분명합니다. 대부분 두 번째 화살, 세 번째 화살, 네 번째 화살… 이런 식으로 계속 화살을 맞았기 때문입니다.

두 번째 화살을 맞는가, 안 맞는가.

깨달은 사람과 깨닫지 못한 사람의 차이는 그런 겁니다. 알고 보면 그리 특별한 것도 아니죠. 하지만 꼭 알아야 하는 진리입니다. 결국은 길을 잘 모를 때, 헤매느라고 너나없이 고생하는 거니까요. 다음은 두 번째 화살에 관해 부처님이 말씀하신 초기 경전의 일부입니다.

수행승들이여, 가르침을 배우지 못한 보통 사람도, 잘 배운 고귀한 제자도, 똑같이 즐거움, 괴로움, 즐겁지도 괴롭지도 않은 감정을 느낀다. 그렇다면 배우지 못한 일반 사람과 잘 배운 고귀한 제자 사이에 어떤 차이가 있는가?

수행승들이여, 배우지 못한 보통 사람은 괴로움과 마주하면 우울해하고 피곤해하며 슬퍼하고 통곡하며 미혹에 빠진다. 그는 몸과 마음, 두 가지 고통을 느낀다. 이를테면 사람을 첫 번째 화살과 두 번째 화살로 찔렀을 경우, 그는 두 개의 화살 때문에 몸으로 마음으로 두 가지 고통을 느낀다. 괴로운 느낌과 접촉하면 그에 대해 분노한다. 그런가 하면 괴로움에서 벗어나기 위해 즐거움을 좇고 감각적 쾌락에서 환락을 찾는다.

왜 그럴까? 그는 감각적 쾌락 이외에 괴로운 느낌으로부터 벗어나는 길을 알지 못하기 때문이다. 그는 감각적 쾌락의 욕망을 즐기려 하며 그에 대한 탐욕에 빠진다. 그는 그런 느낌이 발생하고 소멸하는 것, 유혹과 위험을 있는 그대로 분명히 알지 못한다. 그저 괴로움, 즐거움, 즐겁지도 괴롭지도 않은 감정을 속박으로 느낀다. 그러므로 나는 그를 삶, 늙음, 죽음, 슬픔, 비탄, 고통, 근심, 절망 등의 괴로움에 속박된 자라고 부른다.

수행승들이여, 잘 배운 고귀한 제자는 괴로움을 마주해도 우울해하지 않고 피곤해하지 않는다. 슬퍼하지 않고 통곡하지 않으며 미혹에 빠지지 않기에, 단 한 가지 신체적인 고통만을 느낀다.

이를테면 사람을 첫 번째 화살로 한 번만 찌르고, 두 번째 화살로 다시 찌르지 않는다고 해보자. 그는 단 한 개의 화살 때문에 몸의 고통 한 가지만 느낄 것이다. 그러므로 괴로움을 마주해도 그에 대한 분노를 느끼지 않고, 굳이 즐거움을 좇고 감각적 환락을 찾지 않는다.

왜 그럴까? 잘 배운 고귀한 제자는 괴로움에서 벗어나는 올바른 길을 알기 때문이다. 그는 감각적 쾌락의 욕망을 즐기지 않으며, 즐거움에 대한 탐욕에 빠지지 않는다. 그는 그런 느낌이 일어나고 사라지는 것, 유혹과 위험을 있는 그대로 분명히 안다. 그는 괴로움, 즐거움, 즐겁지도 괴롭지도 않은 감정의 속박에서 자유롭다. 그러므로 나는 잘 배운 고귀한 제자를 삶, 늙음, 죽음, 슬픔, 비탄, 고통, 근심, 절망 같은 괴로움의 속박에서 벗어난 자라고 부른다.

수행승들이여, 그는 괴로운 느낌과 접촉해도 우울해하지 않고 피곤해하지 않으며 슬퍼하지 않고 통곡하지 않으며 미혹에 빠지지 않기에 단 한 가지 몸의 고통만을 느낀다. 세상에 배우지 못한 이와 잘 배운 고귀한 제자 사이에는 이러한 다른 점이 있다.

－『쌍윳따 니까야』 IV. 207 「화살의 경(經)」

나를
화나게 하는
사람들

○

　　　　　　　　　많은 분이 인간관계에 어려
움을 느낍니다. 어떤 분은 이렇게 호소하시더군요. 내 가족이
나 친구, 직장 동료는 물론이고 오가다 만나게 되는 잘 모르는
사람들에게도 기분이 상하고 울컥 화가 나는 일들이 하루에도
몇 번씩 일어난다고, 세상에 이해가 안 되는 사람들이 너무 많
다고 말이지요.

　아마 공감하는 분들이 있을 겁니다. 하지만 이런 기분이 들
땐, 먼저 해야 할 일이 있습니다. 바로 나 자신에게 어떤 틀이
있지는 않은지 살펴보는 것이죠. 혹시 '사람은 꼭 이래야 한다'
라는 나만의 틀에 상대방을 억지로 맞추려는 건 아닌가 하고

말이죠. 어쩌면 그 사람은 나름대로 최선을 다하고 있을 수도 있어요. 그런데 내가 나의 틀에만 맞춰 상대를 바라보고 저건 잘했다, 저건 잘못됐다, 이렇게 평가하는 경우가 많지요.

나를 화나게 하는 사람들을 어떻게 대하면 좋을까요. 먼저 내 마음속의 틀부터 버려야 합니다. 일단 상대방을 현재의 상태 그대로 인정하는 거예요. '저 사람은 저럴 수밖에 없었다'라고 받아들이는 겁니다. 자라온 환경 때문일 수도 있고, 살아오면서 겪은 어떤 경험 때문일 수도 있고, 사회적인 가치관의 차이도 있을 수 있죠. 지금 저 사람이 저렇게 행동하는 이면에는 여러 가지 이유와 원인이 존재합니다. 내가 상대에게 바라는 모습을 떠나서, 상대를 있는 그대로 바라보고 그렇게 행동하는 이유를 보게 되면 내 마음의 반응도 달라집니다. 상대가 잘못을 해도 화가 나기보다 오히려 안타까운 마음이 일어나게 돼요. 안타까운 마음이 들면, 자연히 내가 무엇을 도와줄 수 있을까 하는 마음도 생기게 되죠.

예전에 어떤 분이 미황사로 찾아와서 이렇게 물으셨어요. "저에게 아들이 하나 있는데 정상적인 또래 아이와 달리 자폐증이 있어요. 지금처럼 잠시라도 멀리 떨어져 있으면 늘 불안합니다. 이제 아들 나이가 스무 살이 넘었는데도 항상 불안을 안은 채 살고 있습니다. 저는 다른 문제는 하나도 없는데 아들

하나 때문에 늘 노심초사하게 되니 괴롭습니다. 제가 어떤 마음을 가져야 합니까?"

그래서 저는 이렇게 대답했습니다. "모든 엄마는 내 아이가 정상이라고 생각해야 합니다. 이 아이에겐 이 모습이 정상이라는 걸 알아야 하지 지나치게 걱정하고 과보호해서는 안 됩니다. 내가 상상하고 기대하는 아이의 모습을 만들어두고, 그와 다르다며 이상하게 여겨선 안 되죠. 먼저 비교하는 걸 그만두세요. 아이는 엄마에게 자신의 존재를 인정받길 원하는데, 엄마가 늘 마음속에서 다른 아이와 비교하며 아이를 대한다면 어떨까요. 거대한 벽에 막힌 것처럼 답답함과 불안감을 느끼고, 심한 경우에는 마음의 문을 닫을 수 있습니다. 먼저 아이를 있는 그대로 인정해주면, 서로 대화가 가능해질 겁니다." 세상 누구를 대하든 마찬가지예요. 자기의 틀을 가지고 상대를 대하는 것은 상대에게 다른 사람이 되라고 요구하는 것과 같은 거죠.

얼마 전에는 어떤 부부가 찾아왔어요. 연애를 10년 하고 결혼 생활을 한 지는 8년째에 접어들었는데, 요즘 들어서 특별한 이유 없이 남편이 싫어졌다는 게 부인의 고민이었어요.

"남편 냄새도 싫고 가까이 오는 것도 싫어요. 예전에는 남편이 술을 한잔 마시는 것도 멋있어 보였는데, 지금은 그것마저도 싫습니다. 남편의 성격이나 행동이 예전과 다르게 보일 때마다, 내가 사랑했던 그 사람이 맞나 싶고 혼란스럽습니다. 그저 좋기만 했던 옛 시절이 그립고, 함께하는 지금의 하루하루가 불행하기만 합니다."

그래서 저는 이런 말씀을 드렸어요.

"지금 과거와 현재의 남편을 비교하는 것은, 남편과 다른 남자를 비교하는 것과 같습니다. 다른 남자 생각을 그만두세요. 지금 옆에 있는 남편의 모습만 보면 됩니다. 행복한 결혼 생활을 원한다면 과거가 아닌 현재의 남편을 마주 보고 있는 그대로 받아들이는 일부터 시작해야 합니다."

두 경우 모두 자신의 태도로 말미암아 스스로에게 고통을 주고 있습니다. 내가 원하는 대로 상대가 행동하지 않으면 계속 마음이 부대끼는 거죠. '왜 내 뜻대로 안 되지?', '왜 그런 행동을 하지?' 하면서 괴롭죠. 때로는 상대방의 행동은 그대로인데 나의 관점이 바뀌어서 그 행동이 불편해지기도 합니다. 모든 문제는 내 마음에 있는 것이지요.

내가 만든 틀을 깨야 합니다. 어떤 사람을 대하든지 내가 원하는 그 사람의 모습을 딱 정해두지 마세요. 상대방을 있는 그대로 존중하세요. 그러면 비로소 그 사람을 진정으로 이해할 수 있고, 대화가 가능해지며 사랑도 싹트게 됩니다.

신비하고
환상적인
깨달음은 없다

●

저는 열일곱 살 때 출가를
했습니다. 크게 뜻이 있었던 게 아니라, 인연 따라서 절에 들어
온 것이죠. 그런데 열아홉 살 때쯤 어머니가 위독하다는 전갈
을 받았어요. 그때 처음 죽음의 문제를 충격적으로 받아들이게
됐습니다. '아, 사람이란 반드시 죽게 되어 있는 거구나' 하면
서 인생에 대한 허무감이 강렬하게 밀려왔습니다. '인간이 태
어나면 기껏 70년, 80년 살다가 죽는다. 어차피 죽는데 이 허
무한 인생을 살아야 할 이유가 뭘까.'

세상 사람들은 거의 아귀다툼의 삶을 살잖아요. 이렇게 허

무한 인생을 아등바등 살아야 하는 이유가 뭘까. 이런 물음이 제 안에서 사무치게 차올랐습니다. 인간이라고 하는 게 뭔지, 왜 태어났는지, 왜 죽는지, 왜 살아야 하는지 등의 물음들이 계속 꼬리를 물고 이어졌습니다. 이에 대한 해답 없이 살아가는 것은 바보 천치 같은 짓이니 꼭 알아야 된다고 생각했습니다. 그 답을 모르고 살아간다는 사실이 고통스러웠어요. 비로소 인간과 생에 대한 실존적 고민을 시작했던 겁니다.

답을 찾으려고 경전도 공부하고 법문도 듣고 했죠. 그런데 지금도 그렇고 역사 속의 모든 선불교 스승들에 따르면, 그 문제를 해결하기 위해서는 오직 참선해서 스스로 깨달아야 한다고 했습니다. 진리는 말로 설명될 수 없고, 직접 체험에 의해서만 전해진다고 합니다. 그러면 나도 참선해서 깨달아야겠다고 굳게 다짐하고 산에 들어갔습니다. 벽을 향해 앉아서 하루에 열 시간, 열두 시간, 많게는 열네 시간을 참선하면서 10년간 선 수행을 했어요.

그런데 깨달음을 얻지 못한 거예요. 10년 동안 몸부림을 쳤는데도 끝내 깨닫지 못했어요. 참선 수행을 통해서 의문을 풀고자 했던 건데, 그게 잘 안 되니까 그 외의 것은 별 의미가 없었어요. 그래서 수행을 멈추고 산에서 내려왔습니다.

크게 좌절했지만, 어떻게든 해답을 구하고 싶던 차에 부처님이 떠올랐습니다. 불교에서는 제가 고민했던 그 물음에 대한 답을 찾은 최고의 대가가 부처님이잖아요. 그래서 자기 존재에 대해서, 인생과 세상의 본질에 대해서 가장 잘 파악하고 진정으로 바람직한 삶을 살았던 인물인 부처님의 실제 삶이 어땠을까에 관심을 두기 시작했습니다. 스스로 깨달음을 얻어서 해결하는 방식이 아니라, 부처님의 삶에서 뭔가를 배우고 익히려 했던 셈이죠.

훗날 제가 좌절한 이유가 뭘까 하고 생각해 보니, 불교에서 이야기하는 깨달음이나 참선 수행을 잘못 이해하고 접근했기 때문이라는 것을 알게 됐습니다. 선방 안에 틀어박혀서 좌선하고 용맹정진하고 오랜 시간 도를 닦으면 뭔가 심오한 깨달음을 얻게 된다고 믿었는데, 막상 해보니까 그런 깨달음은 없다는 생각이 들었습니다. 실제로 있는 게 아니라 사람들이 필요에 의해서 꾸며낸 내용이라는 거죠. 깨달음에 자꾸 신비한 의미를 부여해서 아주 특별하고 대단한 무엇인 것처럼 여기도록 만들었던 거예요.

분명 깨달음은 있습니다. 하지만 환상적이고 신비하고 심오한 깨달음 같은 건 없습니다. 저는 이렇게 정리를 했습니다. 그래서 이전과는 다른 형태의 참선 수행을 하게 되었습니다.

사람들은 깨달음에 대해 뭔가 마술 같은 신비한 체험일 거라는 편견이 있어요. 그런 느낌이 없으면 별거 아니라고 생각하는 경향도 있죠. 그러나 사실 깨달음은 일상과 동떨어지고 신비로운 어떤 것이 아닙니다. '몰랐던 걸 알았다', '잃었던 걸 찾았다', '가려졌던 것이 벗겨졌다', '어두웠던 것이 밝아졌다' 등의 의미로 해석되어야 합니다. 번갯불이 번쩍하는 순간 방안을 직접 본 상태와 유사하죠. 나의 참모습, 이 세상의 참모습을 제대로 파악하고 이해하고 확신하는 경험적 지혜가 바로 깨달음입니다. 그리고 그 깨달음에 맞게 내 삶을 만들어가는 실천이 더욱 중요합니다.

증오와
분노에
휩쓸리지 않는 삶

o

자유와 평화. 해탈과 열반의
다른 이름입니다. 불교에서는 깨달으면 해탈했다, 열반의 삶이
이루어진다고 말합니다. 그런데 사람들에겐 이 깨달음, 해탈,
열반이란 말들이 굉장히 신비화된 경향이 있습니다. 마치 어떤
환상적인 행위나 기적처럼 말이죠. 열반에 든 수행자의 이야기
가 신화나 전설처럼 전해 내려오고, 신선처럼 아주 비현실적인
존재로 그려지곤 하죠.

하지만 이런 인식은 실제 해탈, 열반과는 거리가 있습니다.
오해를 피하기 위해서 해탈이라는 말은 '자유'로, 열반이라는
말은 '평화'로 바꿔도 된다고 봐요. 즉, '깨달아서 해탈했다, 열

반에 들었다'라는 말은, '깨닫게 되면 그 삶이 자유롭고 평화로워진다'는 말과 같습니다.

해탈이나 열반은 불교 교리나 수행론만 가지고 그 의미를 확인하기가 어려워요. 그렇다면 불교를 제일 잘 아는 사람, 수행을 제일 잘 아는 사람, 최고로 깊은 깨달음을 얻은 사람을 찾아보면 되겠죠? 가장 대표 주자, 바로 석가모니 부처님을 살펴봅시다. 해탈과 열반이 무엇인지 자신의 삶으로 보여준 인물이 부처님이니까요. 후세에 다듬어진 교리보다는 그분의 실제 삶이 어땠는지를 살펴보면, 좀 더 이해가 쉬울 겁니다.

경전에 기록된 부처님의 삶을 보면, 일반적으로 알려져 있는 행적과는 사뭇 다릅니다. 많은 사람이 부처님은 깨달은 분이기 때문에 아무것도 안 해도 되고 뭐든지 저절로 이뤄지는 안온한 환경에서 지냈을 거라고 생각하는데요. 실제 기록을 살펴보면, 부처님의 삶은 상식적인 기준에서 봤을 때 매우 비극적이에요. 난초처럼 고귀하게만 살았을 것 같지만, 실제로는 온갖 고난으로 흙탕물 속을 뒹구는 삶에 가까웠습니다. 80세에 입멸하기 전까지 평생 부족 간의 전쟁, 제자들 간의 분쟁, 자신에 대한 비난과 저주로 누구보다 복잡한 생을 살았습니다. 여러 차례 죽음의 위기도 넘겨야 했고, 기나긴 전쟁 끝에 자신의 모국이 망하고 민족이 눈앞에서 참혹하게 살육당하는 모습을 지켜봐야 했습니다. 갈등을 해결하고 평화를 찾기 위해 목숨을 걸고 전쟁터 한복판으로 들어가기도 하지만, 결국은 실패하고 맙니다. 이런 몇 가지 사실만 짚어봐도 부처님의 실제 삶을 짐작할 수 있지요.

그러면 붓다가 깨달아서 해탈과 열반의 삶을 살았다고 하는 말은 도대체 무슨 뜻일까요? 지금 아비규환의 전쟁터 속에 있다고 한번 상상해봅시다. 그 기분이 어떻겠습니까? 얼마나 커다란 불안과 공포가 몰려올까요. 나의 국가와 민족을 공격하는 적국에 대해서는 또 얼마나 커다란 분노와 증오가 일어나겠어요. 그런데 붓다는 그렇지 않았습니다.

분노와 증오를 일으키지 않는다.
불안과 공포에 사로잡히지 않는다.
현실의 문제에 목숨을 걸고 직면하지만,
결코 분노와 증오, 불안과 공포에 휩쓸리지 않는다.

어떻게 그럴 수 있을까요? 결론부터 말하면, 모든 문제를 곧 자신의 문제로 파악하기 때문에 그렇습니다. 나와 동떨어진 다른 누구의 문제가 아니라, 결국은 나와 한 몸이고 한 생명인 존재들 사이에 벌어진 일이라고 보는 거죠. 그래서 상대를 분노와 증오가 일어나는 적이 아니라, 일종의 환자로 바라보게 되는 거예요. 붓다의 시선으로 보면, 그들은 적이나 원수 또는 무자비한 살육자가 아니고, 그저 뭘 잘 모르고 잘못 행동하는 어리석은 환자인 거죠. 따라서 안타까운 마음을 가지게 되는 겁니다.

환자에게 분노한다고 해서 그들의 병이 치료되지는 않잖아요. 증오한다고 해서 해결되는 건 아무것도 없죠. 병은 오직 진정한 관심과 애정과 보살핌으로만 치료가 됩니다. 그런 관점에서 현실의 문제를 직시하고 다루기에, 우리가 그런 것처럼 분노, 증오, 불안, 공포에 사로잡히지 않아요. 그래서 전쟁터의 한복판에서도 분노와 증오로부터, 불안과 공포로부터 자유로울 수 있었던 겁니다. 싸움은 싸움으로 해결되지 않는다는 것을 알고, 진정한 해결책인 관심과 애정과 배려와 화합을 통해서 갈등을 해결하려고 노력한 것이죠. 그러한 행동은 결코 소극적이거나 현실을 외면하고 자기 합리화를 하는 행위가 아니에요. 온 열정과 목숨을 바쳐서 하는 일이기 때문이지요.

그런데 보통 사람들은 이런 부분을 잘 이해하기 어렵다고 말해요. 오히려 원수를 눈앞에 두고, 자기감정을 과하게 표출하는 사람을 적극적이고 열정적인 사람으로 오인하는 경우가 많습니다. 하지만 그런 만용은 문제를 해결하기는커녕 자기 자신만 더욱 괴롭게 만들지요.

해탈과 열반은 어떤 신비한 마법 같은 게 아닙니다. 지금 여기 나의 삶을 주인으로서 살고, 어떤 문제도 다 나의 문제로 소화할 수 있는가가 핵심입니다. 만약 모든 걸 내 문제로 바라보게 되면, 어떤 갈등의 중심에 있다 하더라도, 이를 편안하게 다룰 수 있습니다.

바로 이런 진실을 알았다는 게 붓다의 깨달음입니다. 붓다도 똑같아요. 우리와 크게 다르지 않은 인간입니다. 나이 먹으면 병들고, 늙어서 죽고. 하나도 다를 게 없어요. 다만 차이가 있다면 거짓에 흔들리지 않고 인생을 제대로 알고 살았으며, 허튼 짓거리를 안 해서 삶이 자유롭고 평화로웠다는 거지요.

데
니
스
노
블

인생의
우선순위

●

　　　　　　　제가 처음 불교에 관심을 가
진 계기가 된 아주 흥미로운 우화가 있습니다. 2600년 전 고타
마 싯다르타, 붓다께서 살아 있던 당시의 이야기입니다. 붓다
의 제자 가운데 만동자(鬘童子, Mālunkya-putta)라는 인물이 있
었는데 그는 '이 세계는 영원한가, 영원하지 않은가? 영혼과 육
체는 같은가, 다른가? 사후세계가 존재하는가, 존재하지 않는
가?'라는 질문을 자주 던지곤 했습니다. 하지만 붓다는 늘 그에
대한 대답을 피했습니다.

　하루는 만동자가 붓다를 찾아와 마지막으로 한 번 더 그 질
문을 할 테니 그래도 명쾌한 대답을 주지 않으면 승단을 떠나

겠다고 말합니다. 그러자 붓다가 이렇게 되물었습니다.

"만약 어떤 사람이 길을 가다가 어디선가 날아온 독화살에 맞았다고 하자. 그런데 그가 화살은 그대로 두고서 '이 화살을 쏜 사람은 누구이고 왜 나에게 쏘았을까. 이 화살을 만든 나무의 재질은 무엇이며 화살촉에 묻은 독의 성분은 무엇일까. 궁금증을 모두 다 해결하기 전에는 이 독화살을 뽑지 않겠다'라고 한다면 그는 어떻게 되겠느냐." 만동자가 대답했습니다. "독이 온몸에 퍼져 죽게 되겠지요."

그러자 붓다는 이렇게 말했습니다. "우리는 이미 독화살을 맞은 것과 같다. 너는 먼저 화살을 뽑는 데 애를 쓰겠느냐, 아니면 그 화살을 누가 쐈는지부터 궁리하겠느냐."

답은 아주 간단합니다. 얼른 화살부터 뽑고 몸 안의 독을 빼내는 치료를 받아야겠죠. 일단 죽음의 위기를 모면하고 살이 찢어지는 아픔에서 해방된 다음, 화살을 쏜 그 끔찍한 인간에 대해 생각해도 됩니다. 이 우화는 인생의 우선순위를 짚고 있습니다. 지금 현실적인 괴로움에 몸부림치고 있다면, 형이상학적인 질문을 하는 것보다 어떻게 하면 당면한 문제를 줄일 수 있는지 묻는 것이 훨씬 더 중요합니다. 그런 질문을 해야 즉각 도움이 되는 답을 얻을 수 있어요. 앞으로 무엇을 어떻게 조심해야 하는지도 알 수 있습니다. 저는 불교의 가르침이 그와 비슷하다고 생각합니다.

내가
만들어내는
두려움

○

앞서 이야기했듯이 고통은
사람마다 느끼는 종류와 정도가 전부 다릅니다. 똑같은 모양이
아니기 때문에 개별 상황을 고려하지 않고서는 적절한 조언이
나 처방이 나올 수가 없어요. 두루뭉술하게 관념화해서는 오히
려 제대로 된 답이 안 나옵니다.

인간이라면 가장 보편적으로 느끼는 고통인 죽음도 마찬가
지입니다. 친하지 않거나 잘 모르는 사람이 죽었다는 소식을
들으면 그다지 슬프거나 두렵지 않죠. 하지만 사랑하는 이의
죽음을 마주하거나 자신의 죽음을 앞두고 있을 때, 대부분의
사람은 어마어마한 슬픔과 두려움을 느낍니다.

이처럼 우리가 느끼는 고통은 그 자체로 우리를 괴롭게 하지 않습니다. 그 고통을 우리가 어떻게 느끼는지에 따라 괴로움의 정도가 달라지죠. 쓸데없이 과도한 고통에서 벗어나려면, 그런 고통이 대부분 우리가 관념으로 만들어낸 것일 뿐 실재하는 것이 아니라는 사실을 이해해야 합니다.

어떤 일에 상처를 받은 사람은, 그와 비슷한 상황이 오면 또 불안을 느끼게 됩니다. 하지만 그렇게 불안을 느끼고 일어나지 않은 일을 걱정한다고 해서 하루아침에 불안과 고통이 사라지진 않습니다. 오히려 계속 커지겠죠.

그 고통에서 정말로 벗어나려면 먼저 스스로 만든 관념에서 벗어나야 합니다. 물론 오랫동안 살면서 체화된 감정은 그렇게 간단히 없어지지 않겠죠. 이미 체화된 불안과 공포를 다스릴 수 있도록 꾸준히 노력해야 합니다. 불안과 공포에 휘둘리지 않고 자유로워질 수 있는 방법, 또는 그것을 해소하거나 극복할 수 있는 방법이 필요합니다. 그런 방법을 불교에서는 명상, 수행, 기도 같은 것으로 제시합니다. 그러니까 그것은 대단히 진지하고 치열한, 끈질긴 노력을 필요로 하지, 단순히 말 몇 마디로 즉각 해결될 수 있는 게 아닙니다. 머리로만 안다고 즉시 해결되는 문제도 아니죠.

그 이유는 감정에도 습관이 있기 때문에 그렇습니다. 우리는 사실 인생의 많은 부분을 습관적으로 살고 있어요. 아주 오랜 시간 쌓인 경험에 의해서, 즉 사회적으로 학습된 부정적 이미지들이 머릿속 깊이 각인되어 버렸기 때문에 의지와 상관없이 어떤 반응이 저절로 마음속에 일어납니다. 본능적으로, 정확히 말하자면 습관적으로 두려움에 휩싸이게 되는 겁니다. 그것을 다른 말로 무의식 혹은 잠재의식이라고 얘기하기도 하죠. 이성만으로는 통제하기 어려운 겁니다.

그래서 끈질긴 노력이 필요합니다. 먼저 두려워할 일이 아니라는 사실을 명확히 인식하고, 습관적으로 두려움에 휩싸일 때마다 '이건 진짜가 아니야, 내가 스스로 만든 감정이야. 두려워할 필요가 없는 거야.' 끊임없이 이런 사고를 되풀이하면, 우리가 마주하는 두려움에 대한 항체를 만들 수 있습니다. 심지어 죽음에 대해서도 마찬가지입니다. 누구나 피할 수 없는 죽음 앞에서도 천진난만해질 수 있다면, 진정으로 자유로운 삶이 가능해져요. 언제 무슨 일이 일어나든 고통과 두려움에 침몰되지 않고 자신의 삶을 살아갈 수 있지요.

데
니
스

노
블

끝나지
않는
생

ㅇ

　　　　　　　　　박테리아를 관찰하면 어떤
개체는 몇 시간, 혹은 단 몇 분밖에 살지 못합니다. 하지만 그
것은 곧 분열을 통해 둘이 되고, 다시 그 두 박테리아가 분열해
서 넷이 되는 식으로 끊임없이 생을 이어갑니다. 이때 박테리
아에게 죽음이 있다고 할 수 있을까요? 죽음이란 대체 무엇일
까요?

　물론 그렇게 자기 분열한 박테리아들이 모두 똑같은 개체
인 건 아니죠. 분열된 이후에는 전혀 다른 개체로 존재하기 때
문입니다. 사람도 마찬가지입니다. 두 생명체의 난자와 정자가

만나서 또 다른 생명체를 만들어내고, 그 생명체는 다시 또 다른 생명체를 만들어내는 방식으로 끊임없이 생명이 연장되니까요.

따라서 어떤 측면에서 우리는 결코 죽지 않는다고도 말할 수 있습니다. 우리 몸을 이루고 있는 수많은 세포가 태어나고 활동하다 죽는 과정을 '생명'이라고 말하는데, 우리 존재는 그렇게 끊임없이 이어지는 생명 과정의 한 일부입니다.

우리는
계속
변하고 있다

ㅇ

우리의 몸은 사실 매 순간 끊임없이 변하고 있습니다. 인간의 몸은 대략 60조의 세포로 이루어져 있다고 하는데, 그 모든 세포가 매초마다 변한다고 하죠. 지금부터 6개월 정도가 지나면, 나의 몸은 완전히 새로운 세포로 거의 다 바뀌게 될 겁니다. 그렇다면 지금의 나와 6개월 후의 나는 같은 사람이라고 할 수 있을까요?

우리의 몸뿐만 아니라 정신도 그렇습니다. 우리가 상상하고 생각하는 것들도 사실은 끝없이 변하고 있죠. 느낌과 감정도 늘 변하고요. 이것과 저것으로 분별하는 것, 좋아하고 싫어하

는 것들도 늘 변하죠. 행동은 또 어떻습니까? 『반야심경』에서
는 이처럼 끝없이 변화하는 성질 때문에, 이 세상을 공이라고
표현합니다.

공(空, sunyata)
고정된 실체가 없다. 비어 있다.

사실 그 자체가 살아 있는 것이기도 합니다. 나의 몸과 생각
과 행동의 변화가 살아 있음을 증명하는 것이죠. 그러나 어렸
을 때의 나와 성장해서의 나는 그토록 무수한 변화 속에서도
내가 나라는 점에서는 차이가 없습니다. 그렇다면 살아 있는
나와 죽고 나서의 나는 어떨까요. 차이가 있을까요?

삶과
죽음은
바다의 파도와
같아서

○

　　　　　　　　　　사람들은 대개 죽음에 대해
불안과 공포를 가지고 있습니다. 그러니까 삶은 좋은 것이고
죽음은 나쁜 거라고 알고 있죠. 이런 게 요샛말로 하면 가짜뉴
스 같은 거예요. 뭘 잘 모르고 하는 말입니다. 진실을 들여다보
면 사람들이 생각하는 그런 생도 존재하지 않고, 그런 죽음도
존재하지 않습니다.

　『반야심경』에 보면 '불생불멸 불구부정 부증불감'이라는 말
이 나옵니다. 이 세상 모든 존재의 실체를 묘사하고 있는 내용
이죠. 그 뜻을 풀어보면 다음과 같습니다.

생겨나는 것도 사라지는 것도 없다.

더러움도 깨끗함도 없다.

늘어나는 것도 줄어드는 것도 없다.

대단히 심오하고 어려운 문구가 아닙니다. 알고 보면 매우 상식적인 얘기입니다. 색안경을 벗고 맨눈으로 바라보기만 하면 누구나 알 수 있습니다. 삶과 죽음에 시작과 끝이 있습니까? 사람들이 생각하는 그런 생사는 존재하지 않아요.

삶과 죽음은 마치 바다의 파도와 같습니다. 눈앞의 파도만 딱 놓고 보면 마치 시작과 끝이 있는 것 같죠. 일어났다가 사라지니까요. 하지만 파도 하나만 따로 떼어놓을 수 있나요? 바다를 떠난 파도가 따로 있을 순 없잖아요. 분리될 수가 없어요. 파도가 칠 때도 바다고 가라앉아도 바다죠. 그러니까 파도라는 것은 그저 바다 안에서의 움직임일 뿐, 거기에 시작과 끝은 따로 존재하지 않아요. 다만 조건에 따라서 끊임없이 움직이고 있을 뿐이에요.

생명도 마찬가지입니다. 우리 인간은 모두 부모에게서 유전자를 물려받아 살아가고, 또 자식들에게 유전자를 물려주는 방식으로 생을 이어왔습니다. 삶과 죽음은 매우 밀접하게 이어져 있는 것이고, 생명의 본질을 말할 때 서로 분리할 수 없는 것입니다. 그런데 우리는 시작과 끝으로 그걸 구분한 뒤, 시작은 좋아하고 끝은 싫어합니다. 한없이 생에 집착하고 죽음에는 벌벌 떠는 거죠.

삶도 죽음도, 모두 생명 활동의 하나입니다. 개별 생명체가 태어나면 시작이고 죽으면 끝이고 그런 게 아닙니다. 그저 끝없이 이어지는 생명 활동의 여러 모양 중에 하나인 거죠. 이 사실을 깨닫게 되면, 생에 대한 지나친 애착에서도 자유로워질 수 있고, 죽음에 대한 불필요한 공포에서도 자유로워질 수 있습니다. 이렇게 자유로운 삶을 살아야 한다고 말하는 게 붓다의 깨달음이고 가르침입니다.

삶은
정말
허무한 것일까

ㅇ

　　　　　　　　　　　　삶과 죽음을 생각할 때, 사
람들은 개별적 존재의 처음과 끝만 생각합니다. 하지만 그런
삶과 죽음, 개별적인 '나'는 사실 존재하지 않아요. 단지 그런
생각을 붙잡고 있을 뿐이에요. 우주 삼라만상을 잘 보면 알 수
있습니다. 이 세상의 모든 것은 그물코처럼 연결되어 서로 의
지하고, 영향을 주고받으면서 존재하고 있어요.

　나의 몸만 들여다봐도 그렇습니다. 1000조의 미생물들이
그물코처럼 연결되어서 활동하는 결과가 인간 생명체죠. 또한
사회 속에서 홀로 살아가는 사람이 있습니까? 인간을 포함한
지구상의 모든 생명체가 그물코처럼 연결되어서 활동한 결과

가 이 세상이고 우주인 거죠. 그러니까 모두 한 몸이고 한 생명이기도 해요. 우주적인 시각에서 보면 완전히 독립적인 개인은 없는 거예요.

하지만 이렇게 이야기하면 삶이 허무하다고 말씀하시는 분도 있습니다. 허무하기도 하죠. 그런데 허무하면 안 되나요? 실제가 허무하면 허무해야지. 그런데 한번 생각해봅시다. 정말 허무하기만 할까요? 파도만 놓고 보면 그것이 생겨났다 사라지는 게 허무하지만, 바다로 바라보면 허무하지 않죠. 둘이 분리되어 있지 않고 동시에 있는 거예요. 그런데 대부분의 사람은 어느 한쪽에만 치우쳐서 생각해요.

예를 들어 인간 존재에 대해 생각해봅시다. 인간은 허무한 존재일까요, 영원한 존재일까요? 대체로 보이지 않는 정신적 영역을 다루는 사람들은 영원불멸한 존재를 이야기해요. 종교나 철학에서 말하는 영혼, 자아, 정신, 의식… 이런 게 다 영원의 형태입니다. 하지만 눈에 보이는 것만 믿는 사람들은 그런 건 없다고 말하죠. 한쪽은 영원하다, 다른 한쪽은 허무하다. 한쪽은 있다, 한쪽은 없다. 누구 말이 맞을까요? 불교에서는 양쪽을 모두 부정합니다. 양쪽 모두 인간의 관념에서 만들어진 것일 뿐이라는 거죠.

부처님은 영원하다는 것도, 허무하다는 것도 단견이라고 애기합니다. 단견이란 극단적이고 매우 편향된 견해라는 뜻입니다. 앞서 바다와 파도에 대해 이야기했는데, 영원하다는 건 바다 입장에 서 있는 사람의 말이고, 허무하다는 건 파도 입장에 서 있는 사람의 말입니다. 불교는 이 두 가지를 모두 부정합니다. 부처님은 당시 인간 세상의 사회 방식을 전부 비판하신 분이에요. 영원하다, 허무하다, 있다, 없다, 모든 걸 비판하고 부정합니다.

그럼 부처님이 말하는 실재는 어떨까요? 바다와 파도는 분리될 수 없고 동시에 존재하는 거죠. 바다가 파도고, 파도가 바다고. 이걸 영원하다고 단정하면 파도의 의미가 없어지고, 허무하다고 단정하면 바다의 의미가 없어져요. 따라서 '바다와 파도는 하나이기도 하고 둘이기도 하다', '하나도 아니고 둘도 아니다' 이런 표현을 쓰는 거예요. 색즉시공 공즉시색이 이런 말이에요.

하지만 과학에서는 항상 최초를 찾잖아요. 우리는 처음에 어디에서 시작됐을까. 우주는 어떻게 탄생했을까. 가장 지배적인 설로 빅뱅 이론이 있죠. 과학과 달리 불교에선 그런 식의 시작은 없다고 봅니다. 이게 기본적인 불교의 사고방식이죠. 아마 우리 사회의 일반적인 사고방식과는 여기에서부터 근본적 차이가 있다고 생각합니다.

우리는 계속해서 시작과 끝, 원인과 결과, 개인과 타인을 구별 지으려고 해요. 무엇이 원인이 되어서 뭔가가 만들어지고 그로부터 다시 새로운 무엇이 만들어진다고 보는 거죠. 그러나 딱 정해진 근본은 따로 존재하지 않는다는 게 불교의 사고방식입니다.

오로지 조건생 조건무입니다. 시작도 끝도 없어요. 단지 조건이 맞으면 생겼다가 조건이 안 맞으면 사라지는 거죠. 마치 손뼉 소리처럼요. 조건이 만들어지면 바로 소리가 나죠. 안 맞으면 바로 없어져 버려요. 세상 모든 게 그런 활동의 한 가지일 뿐입니다.

이게 불교의 가장 기본적인 사고방식이고 그것을 불교용어로는 공이나 연기라는 말로 표현하기도 합니다. 또 그런 사실을 잘 파악하고 알 수 있도록 접근하는 것을 중도라는 말로 표현하기도 합니다.

두려워해야 할
죽음은
없다

○

순간이 영원이고 영원이 순간이다.

의상 스님은 삶과 죽음에 대해 이렇게 표현했습니다. 『화엄
경』에 담긴 내용이기도 한데, 순간이 영원이라고 하면 끝이 따
로 존재하겠습니까? 존재하지 않죠.

우리는 죽음과 함께 생명이 끝난다고 믿는 사고방식 때문에
극심한 슬픔과 두려움에 사로잡힙니다. 그래서 윤회설 같은 온
갖 가짜 이야기들을 만드는데 진실은 그렇지 않습니다. 진짜와
는 다른, 또는 진짜에 대해서 잘못 알거나 무지해서 만들어낸
이야기를 우리는 진짜처럼 받아들이고, 거기에 길들여져서 두

려워하지 않아도 될 것을 두려워하고 전전긍긍하는 겁니다.

군이 죽음을 얘기하자면, 생사는 별개의 것이 아니라 동시에 존재합니다. 우리의 몸속에서는 매 순간 수많은 세포와 미생물이 끊임없이 죽고 다시 태어납니다. 인간이라는 존재, 생명 자체가 이처럼 매 순간 수많은 세포와 미생물이 끊임없이 태어나고 죽고 태어나고 죽는 과정이지요.

세포나 미생물의 관점에서 보면 늘 죽음과 삶이 동시에 있는 거잖아요. 안 죽으면 살길이 없어요. 죽어야 살고 살아야 죽고. 살면 좋고 죽으면 나쁜 거라 생각하는데, 그렇지 않습니다. 죽음이 없는 삶은 있을 수 없죠. 정상적으로 죽어주는 게, 곧 사는 거예요. 물론 억지로 죽을 일은 아니지만, 때가 되면 기꺼이 죽어야 하죠. 기꺼이 살듯이 기꺼이 죽을 줄도 알아야 한다는 것입니다.

이런 진실을 허무하다고 생각하는 것도 우리가 만든 거짓 관념입니다. 만약에 우리가 우리 의지가 아니라 몸속 미생물의 집단지성에 의해서 사고하고 행동한다고 하더라도 허무할 게 뭐 있나요? 꼭 내 것이 있어야 할까요? 그냥 지금 당장 숨 쉬고 걷고 먹고 자고 생각할 수 있으면 됐지, 삶이 가능한데 내 것이냐 아니냐 따지는 게 왜 중요할까요?

내가 곧 우주고 우주가 곧 나다.

모래알 하나가 곧 우주고 우주가 곧 모래알 하나다.

그런 우주에 우리가 생각하는 죽음이 있습니까?

죽음
이후의 에너지

○

어떤 사람들은 삶과 죽음이 구별되지 않고, 죽음 이후의 세계 같은 것도 없다면 제대로 사는 게 무슨 의미가 있느냐고 하는데요. 불교에서는 우리가 하는 모든 행위가 전부 다 에너지로 작동한다고 봅니다.

지금 이 순간 우리가 마주 앉아서 이야기를 나누고 있는데, 만약 서로 불신하고 분노하고 증오한다면 어떨까요. 바로 불신과 분노와 증오가 내뿜는 나쁜 에너지가 만들어질 겁니다. 그런 나쁜 에너지를 생산한다면, 우선 우리 자신에게 안 좋겠죠. 어디 우리한테만 안 좋을까요? 아마 우리 주변에 있는 다른 사람들한테도, 나무한테도, 작은 벌레한테도, 즉 모두에게 안 좋은 영향을 끼칠 거예요. 이 세상의 모든 것이 그렇게 연결되어 있으니까요.

한 명 한 명이 그런 독한 에너지를 뿜기 시작하면, 결국은 독한 에너지로 가득 찬 세상을 만드는 결과를 가져옵니다. 그렇게 되면 살아서도 마찬가지고, 삶이 끝난 이후에도 여전히 독한 에너지가 남아서 작동하게 되겠죠. 역사적으로 누적된 차별과 증오의 에너지가 오늘날까지 큰 영향을 끼치는 일을 한번 떠올려보세요.

우리가 상상하는 사후 세계가 없다 하더라도, 죽음 이후의 세상은 끊임없이 이어집니다. 그렇기 때문에 우리에게는 좋은 에너지를 만들면서 살아야 할 충분한 당위성과 의무가 있습니다. 스스로를 위해서도 그렇고, 후손들을 위해서도 그렇고, 더 나아가서는 이 세상을 위해서도 그렇습니다. 끊임없이 좋은 에너지를 생산하면서 살아가는 게, 우리 모두의 현재와 미래를 위해서 해야 할 일입니다.

2부

나는 누구인가?

우리는 앞에서 고통이 생겨나는 과정에 대해 살펴봤다. 인간이 겪는 대부분의 고통은 외부에서 주어진 상황이나 일 그 자체가 아니라, 그것을 대하는 우리의 마음에서 유래한다. 붓다는 이렇게 마음이 요동치는 근본적인 원인을 인간의 무지와 어리석음에서 찾았다. 무지란 나와 세계의 본질을 명료하게 보지 못하는 것을 의미한다. 무지로부터 비롯된 잘못된 집착과 번뇌는 '두 번째 화살', '세 번째 화살'을 계속 불러오며 고통을 수만 배로 늘린다. 이러한 연쇄를 끊어내고 고통에서 진정으로 자유로워지려면, 인간과 이 세상의 본질을 자세히 살펴보아야 한다. 이는 결국 '나는 누구인가'라는 물음으로 이어진다.

지금으로부터 2600년 전, 붓다는 이 물음에 어떻게 답했을까. 그는 우리가 당연하게 여기는 믿음이나 추측, 생각과는 다른 방식으로 '나'와 '세계'가 존재하며, 따라서 우리가 생각하는 그 어떤 것도 실재하지 않는다고 말한다. 쉬운 듯하면서도, 그 오묘한 속뜻을 파악하기란 쉽지 않다. 그래서 우리는 쉽고 명쾌한 언어로 불법을 전하는 것으로 알려진 도법 스님을 찾아갔다. 붓다의 메시지는 크게 복잡하지 않고, 누구나 이해할 수 있다는 것이 스님의 생각이다.

도법 스님과의 만남을 통해 노블 교수는 그간 아리송했던 개념을 마음껏 묻고, 나와 세계에 대한 이해의 폭을 넓혀갈 수 있었다.

　도법 스님이 이끄는 실상사는 수행자와 지역 주민들이 함께 어울려 살아가는 마을공동체 사찰이다. 실상사의 대중 예불은 무척 특이한데, 스님의 법문이 끝나면 모든 공동체 식구들이 둘러앉아 그간 일어난 일과 생각, 앞으로의 계획 등을 자유롭게 나눈다. 노블 교수가 실상사에 머무르며 하루 중 가장 기다리던 시간이었다. 그는 실상사 사람들 사이에 흐르는 따뜻한 연대의 기류에 깊이 감명받았고 떠나는 날까지 찬사를 아끼지 않았다. 그리고 이러한 연대에 바로 '나는 누구인가'라는 질문의 답이 숨어 있다.

　2부에서는 시스템 생물학과 불교 철학 개념을 통해 생명을 새롭게 이해하고, 두 분야 사이의 신비로운 교차점에 주목하고자 했다. 그리고 노블 교수와 스님들이 파악한 나와 이 세상의 진짜 모습을 밝힌다. 지금껏 깨닫지 못했던 나의 본질에 서서히 다가가 보자. 자, 도대체 나는 누구인가.

지금 당신에게
가장 중요한 것은
무엇인가

○

"목이 마를 때는 물을 마신
다." 진보든 보수든, 기독교든 불교든, 한국인이든 일본인이든,
누구나 다 동의할 수 있는 명쾌한 진리입니다. 누구나 실제로
경험할 수 있는 실재적이고 구체적인 사실이죠. 저는 우리의
삶 역시 같은 방식으로 다뤘으면 합니다. 지금 여기, 눈에 보이
고 손에 잡히는 문제로 말이죠. 이 질문에 한번 답을 해볼까요.

"지금 이 순간, 당신에게 가장 중요한 것은 무엇입니까?"

이와 같은 물음에 바로 답이 나와야 합니다. 그게 진짜로 알
고 있는 거죠. 즉각 대답이 나오지 않는다는 건, 제대로 모르고
있다는 뜻입니다. 만약 아직도 대답을 찾지 못하고 우물쭈물하

고 있다면, 당신은 분명 삶에서 가장 중요한 것을 놓치고 있을 겁니다. 지금 이 순간에도 말이지요.

두 번째나 세 번째로 중요한 것 말고, 가장 중요한 한 가지는 무엇일까요. 어느 누구나 동의하고 이해할 수 있는 간단한 답이 있습니다. 바로 나 자신, 내 생명입니다. 한목숨 건강하고 평화롭게 잘 유지하는 것이야말로 우리 모두가 목숨 걸고 지켜야 할 우선적인 가치죠. 나 자신에게 세상 그 무엇보다 우선한 것은 내 생명입니다. 종종 그걸 내던져서라도 지키고 싶은 것도 있지만, 그것도 일단 내가 있어야 합니다. 그렇지 않고서는 또 다른 어떤 것을 중요하게 여기는 것 자체가 불가능해집니다.

그렇다면 생명이란 무엇일까요? 그것의 의미에 대해선 종교, 철학, 과학 등 다양한 분야에서 무수히 많은 의견이 있지만, 어렴풋한 개념과 논리로만 다루는 게 대부분입니다. 아무리 출중한 능력을 갖춘 경찰이 있다고 해도 도둑놈 얼굴을 모른다면 잡을 수 있나요? 가장 좋은 장비를 들고 있어도 정작 산삼이 무엇인지 모르면 캘 수 없을 겁니다. 뭔지 모르는데 어떻게 그걸 숭시할 수 있을까요.

결국 나는 누구인가, 라는 처음의 물음으로 돌아옵니다.

남이 붙인
이름표를
떼고 보라

○

　　　　　　　　　　　　　　　당신의 이름은 무엇입니까.
그 이름을 누가 지었습니까. 만약 사람들이 당신을 다른 이름
으로 부른다면, 당신은 다른 누군가가 되는 걸까요?

　우리는 우리에게 주어진 이름을 부르면 '네' 하고 대답하고,
누군가 이리 오라고 하면 이리 오고 저리 가라고 하면 저리 가
며, 죽을 때까지 그 이름에 얽매여 살아갑니다. 그런데 만약 그
이름표를 떼었을 때, 당신은 누구입니까? 우리는 타인이 정해
준 이름에 매달려 한평생 살아가지만, 지금이라도 이름을 바꾸
면 그 바꾼 이름으로 불렸을 때 대답할 게 아닙니까?

그러니까 우리 존재는 불리는 이름과 서로 다르다는 말을 하려는 겁니다. 남들이 우리에게 붙인 이름에 지나치게 얽매일 필요가 없습니다. 이름이 바뀌었다고 해서 그 사람이 바뀌는 것은 아니듯 '당신은 누구다', '이러이러한 사람이다'라는 식의 평가가 당신이란 존재를 전부 설명하는 건 아니니까요.

오른손과 왼손은
하나인가
둘인가

○

나라는 존재의 진짜 모습에
대해 이야기해봅시다. 흔히 인간의 몸을 작은 우주에 비유하잖
아요. 이런 예시를 한번 생각해볼까요. 오른쪽 손등에 종기가
났어요. 가렵고 아프고 고통스러운데, 오른손 혼자 그 문제를
해결할 수 있나요? 왼손의 도움을 받아야겠죠.

몸의 여러 부분이 서로 밀접하게 이어져 서로 돕는 것처럼,
너와 나로 구별된 것처럼 보이는 이 세상의 많은 것이 사실은
다 연결되어 있습니다. 나만 홀로 살 수 있는 길, 나만 따로 행
복할 수 있는 길은 없는 거예요. 그런데 우리는 그런 길이 있다
고 착각하면서 살아가고 있어요. 이게 바로 자신의 참모습에

대한 무지라고 할 수 있습니다.

자, 다시 한번 오른손과 왼손을 보세요. 그냥 잘 보기만 하면 알 수 있습니다. 오른손과 왼손은 나라는 한 몸을 기준으로 보면 서로 별개의 것이 아닙니다. 그러나 손으로 보면 두 개인 거예요. 그렇다면 이걸 하나라고 할 수 있을까요, 둘이라고 할 수 있을까요? 관점에 따라 하나이기도 하고 둘이기도 한 거죠.

이 세상의 모든 것은 이와 같은 두 가지 측면을 동시에 가지고 있습니다. 중요한 건 너와 내가 서로 독립된 존재이기만 한 게 아니라, 동시에 하나로 이어져 있다는 것, 결국 우리는 함께 살아야 한다는 거죠.

오른손과 왼손은 각자에게 주어진 자기 역할이 있는 동시에 서로 협력합니다. 만약 둘이 따로 논다면 우리 몸이 제대로 살아가기가 힘들어지겠죠. 인간과 인간의 관계도, 인간과 자연의 관계도, 모두 마찬가지입니다.

도
법

언어의
함정

○

우리가 너와 나, 이것과 저
것을 구별하는 데에만 익숙한 건 진실을 보지 못하게 하는 언
어의 한계 때문입니다. 우리는 대개 흑백논리에 길들여져 있습
니다. 하지만 불가에서는 이원론적인 사고방식을 지양하고, 불
이(不二)의 사상을 토대로 논리를 전개합니다. 흔히, '같지도 않
고 다르지도 않다', '흑과 백이 하나도 아니고 둘도 아니다'라
는 말로 표현되지요.

불가에서 이 세상의 진짜 모습을 설명할 때 자주 쓰이는 말
이 있습니다. "색이 곧 공이요, 공이 곧 색이다(色卽是空 空卽是

色)"이나 "생겨나는 것도 없어지는 것도 아니고, 더러울 것도
깨끗할 것도 없으며, 늘어나는 것도 줄어드는 것도 없다(不生不
滅 不垢不淨 不增不減)"는 말이지요.

어렵게 느껴질지 몰라도, 사실은 아주 간단하고 쉬운 이야
기입니다. 이 말을 다르게 비유하면 "한 손의 손바닥과 손등 같
다"라고 할 수 있어요. 앞서 이야기했던 오른손과 왼손의 비유
와 마찬가지로, 손바닥과 손등 역시 하나이기도 하고 둘이기도
합니다. 손으로 보면 하나고 앞뒤를 따로 보면 둘인 거죠. 그런
데 어디까지가 손바닥이고 어디까지가 손등인가요? 명확한 경
계가 없는 거죠. 다만 사람들이 서로 쉽게 소통을 하려니까 이
쪽이 손바닥이고 저쪽이 손등이라고 말할 뿐이지, 실제로는 정
확히 나누어서 구분할 수가 없어요.

손바닥과 손등은 하나인가 둘인가.
하나이기도 둘이기도 하다.
하나도 아니고 둘도 아니다.

이런 말이 되는 겁니다. 이 말이 다소 난해하게 느껴진다면,
그건 우리 언어가 가진 한계 때문일 겁니다. 있는 그대로의 진
리를 언어로 표현할 길이 없어요. 언어는 인간이 소통을 위해
서 불가피하게 만든 도구입니다. 본래 하나인 것을 이쪽은 손

바닥, 이쪽은 손등이라고 규정한 것뿐이죠. 그런데 우리는 편의를 위해 임의로 규정한 것을 있는 그대로 받아들입니다. 어느샌가 언어의 틀에 갇혀서, 그 틀로만 바라보고 사고하게 되는 거죠. 결국 실재와 멀리 떨어져 있는 개념을 마치 그것이 전부인 것처럼 알고 사고하게 된 거예요.

이는 마치 차 안에 앉아서 멀찍이 바라본 차창 밖 풍경 이야기를 하는 것과 같습니다. 실제로 삶의 현장에서 벌어지고 있는 일들은 그저 멀리서 겉으로만 훑어본 풍경과는 완전히 다르잖아요. 그런데도 티끌 하나 없이 아름답고 고상하기만 한 그 풍경이 진짜로 존재하는 걸로 착각하고서, 내 인생이 그런 것으로 가득차길 바라는 거죠. 하지만 그런 건 현실의 삶이 아닙니다. 자신이 만든 환상일 뿐이에요. 그런 줄도 모르고 많은 사람이 살아가는 내내 그런 환상 속에 갇혀서 삽니다. 요즘 사람들은 그런 성향이 더욱 심해지는 것 같고요.

언어로는 결코 있는 그대로의 진실을 다 표현할 수 없습니다. 우리가 어떤 대상에 붙인 이름과 그 이름이 가리키고 있는 실재는 결코 같은 게 아니에요. 물론 이런 한계에도 불구하고 인간은 언어를 통해서 소통하는 것이 편리하니까 불가피하게 구분 지을 수 없는 것을 구분 짓고 이름을 붙이게 되지요. 이건 손바닥이야, 이건 손등이야 하고요.

하지만 우리는 명심해야 합니다. 실제로는 그런 구별이 가능하지 않다는 걸 말입니다. 손바닥과 손등은 하나라고 단정할 수 없고 둘이라고 단정할 수도 없습니다. 하나도 아니고 둘도 아니다. 하나이기도 하고 둘이기도 하다. 아리송하게 느껴지는 불가의 말들도 역시 언어의 한계 때문에 불가피하게 그렇게 표현된 거지요.

마찬가지로 사람과 사람, 너와 나도 애초에 완전히 분리될 수가 없는 거예요. 이 세상에 오직 혼자 힘으로만 살아가는 사람이 있습니까? 지구상에는 지금도 서로 으르렁거리고 싸우는 나라들이 있는데, 두 나라는 하나입니까, 둘입니까? 민족이나 국가 같은 언어로 규정된 관념에 사로잡혀서 전혀 별개의 존재처럼 구분 짓고 있지만, 사실 둘 다 지구라는 하나의 행성에서 두 발을 딛고 살아가는 존재들입니다.

우리는 모두
하나로 이어져 있다

○

　　　　　　　　나의 참모습, 생명의 참모
습, 세계의 참모습이 어떻게 생겼을까 가만히 짚어보면, 이렇
게 말할 수 있습니다. 모두가 그물코처럼 연결되어 있다고 말
이지요. 이 세상 어떤 것도 따로 떨어져 있는 게 없어요. 이 세
상에 존재하는 유·무형의 그 어떤 것도 온전히 분리된 것이
없고, 모두가 이어져 있습니다. 겉으로 보기에는 따로 떨어져
있는 것도, 동시에 한 몸이기도 하고 한마음이기도 하고 한 생
명이기도 한 것이 이 세상의 참모습입니다.

　그런데 우리는 정반대로 알고 있어요. '너는 너고 나는 나야.
너와 나는 남남이야. 인간은 인간이고 자연은 자연이야.' 이렇

게 생각하는 거죠. 남남이니까 자연히 자기중심적으로 생각하게 되고, 타인에 대해서는 경쟁자나 적대자로 여기게 됩니다. 이런 사고로는 이 세상 대부분의 관계를 싸움의 원리로 이해하게 됩니다. 너와 나, 이쪽과 저쪽 편을 가르는 사고방식을 삶의 모든 문제에 똑같이 적용합니다.

자연을 대할 때도 마찬가지예요. 자연과 나를 분리하여 생각하기 때문에 자연을 정복이나 이용의 대상으로 여겨, 싸우고 쟁취하는 방식으로 살아가게 돼요. 하지만 그 결과는 어떻습니까? 자연과 싸워서 승리했다고 칩시다. 피해를 보는 것은 결국 누구인가요?

자신의 참모습, 세상의 참모습을 모르고 살아온 결과, 우리는 끊임없이 편을 갈라 경쟁하고 적대적으로 싸우며 살아왔습니다. 부분적으로 보면, 한쪽이 이기거나 성공할 때도 있겠지요. 하지만 결과와 상관없이, 우리가 살아가는 곳이 싸움터라면 그곳을 살아가는 모두의 생은 고통스러울 수밖에 없습니다. 이익을 얻은 사람이든 손해를 본 사람이든, 양쪽 다 힘든 거예요. 얼마나 바보 같은 짓인가요. 그렇게 해서는 우리가 원하는 자유롭고 평화롭고 행복한 삶은 끝내 이룰 수 없는 거죠.

세상의 진리, 존재의 진리를 제대로 알고 살아야만 나의 삶과 생명을 끝없는 싸움으로 낭비하는 과오를 범하지 않을 수 있습니다. 세상의 참모습을 올바르게 파악하고 제대로 이해하면, 실제 삶의 태도와 방식이 달라지지 않을 수 없습니다.

결론은 하나예요. 나와 타인과 세계는 하나이니, 모두 더불어 살아야 한다. 우리는 오직 더불어 살기 위해 모든 열정을 바쳐 노력해야 합니다. 그것이 우리 인간이 살아가는 동안 마땅히 우선해야 할 일입니다. 그래야만 삶이 괴롭지 않고, 자유롭고 평화로운 삶도 가능해집니다.

승묵

찰나의
체험

ㅇ

　　　　　　　　　우리의 삶은 마치 점, 선의
관계와 비슷합니다. 선이란 무엇인가요? 선이란 점들의 연속입
니다. 셀 수 없이 무수한 점들이 모여 선을 이루죠. 그렇게 점
이 계속 이어지는 것은 찰나가 계속되는 것과 같습니다.

　눈 깜빡할 사이를 찰나라고 하잖아요. 수행을 통해 강한 집
중을 하게 되면 이 찰나를 보게 됩니다. 모든 존재는 영원하지
않다, 일정한 형태나 정해진 실체가 없다, 그 본질은 무상과 무
아라는 걸 실제로 경험하게 되는 거죠.

　세상은, 그리고 우리의 삶 역시 단지 이러한 찰나의 연속일
뿐입니다. 그 사실을 알아야 나의 진정한 모습을 알 수 있지요.

예를 들어봅시다. 우리가 밥을 먹을 때, 밥그릇에서 밥을 떠서 나의 입까지 숟가락을 이동시키죠. 대략 30센티미터의 거리를 순간 이동하진 않잖아요. 그런데 우리는 이걸 단 한 번의 이동, 한 번의 행동으로 느끼고 있습니다.

이처럼 우리는 대부분 찰나를 놓치고 살아갑니다. 그리고 나 자신에게 마치 어떤 고정된 실체가 있다고 착각합니다. 하지만 찰나의 연속을 명료하게 보게 되면, 이 세상이 시시각각 변하고 있다는 것을 깨닫게 되죠. 삶은 계속되는 과정입니다. 지금 이 순간에 온전히 깨어 있을 수만 있다면, 이러한 이치를 체험할 수 있습니다.

생명은
거대한
파이프오르간이다

○

만약 파이프오르간 앞에 앉아 '솔'이라는 한 개의 음을 친다면, 그걸 음악이라고 할 수 있을까요? 논쟁의 여지가 있겠죠. 그럼 두 개의 음은 어떨까요. '솔~ 라~' 좀 더 흥미로워집니다. 하지만 더 많은 음을 치면 어떻게 되나요. 이제는 사람들이 춤을 추기 시작할 겁니다.

생명 또한 음악과 같습니다. 둘 다 과정이 중요하고 과정으로 존재한다는 점에서 그렇습니다. 한 개의 음은 우리에게 음악으로 느껴지지 않습니다. 아무리 뛰어난 연주자라도 한 개의 음으로는 아름다운 음악을 들려줄 수 없죠. 중요한 건 각각의 음이 서로 연결된 리듬, 그 자체죠.

연주자가 파이프오르간을 연주하는 것은 시스템이 유전자를 통제하는 모습과 비슷합니다. 유전자는 거대한 오르간의 파이프와 같습니다. 인간의 유전자 수는 대략 3만 개이므로, 3만 개의 파이프로 된 거대한 오르간을 상상해봅시다. 흥미롭게도 세상에서 가장 큰 오르간인 미국 애틀랜틱시 컨벤션홀 오르간에는 3만 3144개의 파이프가 있습니다.

3만여 개의 파이프 하나하나는 서로 조화를 이루며 생명의 음악을 연주합니다. 연주를 하는 과정이 시스템이죠. 연주자가 파이프오르간을 연주할 때, 그 음악은 단순한 음표의 나열이 아닙니다. 오르간의 일부인 튜브나 파이프 자체도 아니고 연주자에 의해 만들어지는 통합된 활동입니다. 우리가 연주하는 것이고 따라서 우리가 살아 있는 것입니다.

'생명이란 무엇인가?'라는 질문에 대해 우리는 아직 완벽한 답을 찾을 순 없습니다. 하지만 확신할 수 있는 점은, 그것이 단순히 분자들이 아니라는 것입니다. 개별 구성 요소보다는 그것들의 상호작용 과정에 달려 있다는 것은 분명히 알 수 있습니다. 내가 죽고 나서도 내 몸을 이루는 분자들은 여전히 그 자리에 그대로 존재하고 있을 것입니다. 물론 서서히 분해되겠지만요. 무슨 차이가 있을까요? 바로 과정입니다. 더 이상 생명 활동의 과정이 일어나지 않는 것입니다. 유전자들을 계속 통제

해온 시스템이 사라진 겁니다.

토네이도를 한번 상상해보세요. 토네이도는 자연이 만들어
내는 가장 강력한 바람입니다. 깔때기 모양으로 강하게 소용돌
이치며 회전운동을 하는 토네이도가 주변의 열로부터 많은 에
너지를 끌어모으고 지면을 강타하는 동안 바람의 분자들은 갈
수록 커집니다. 그러다 에너지가 소멸하면 결국 사라지게 되
죠. 우리의 몸도 비슷합니다. 살아서는 토네이도처럼 계속 움
직이는 과정에 있지만, 어느 시점에 이르면 에너지의 소멸을
맞이하게 되겠죠. 누구나 자신의 회오리바람을 멈추는 날이 오
는 것입니다.

모든 것은 그 자체로는 공허합니다.
모든 것은 다른 것과의 상호작용을 통해
무언가 유의미한 것으로 태어납니다.

다시 말해, 중요한 것은 과정입니다.
존재 그 자체가 만들어지는 과정 말이죠.

무엇이
나를
결정하는가

ㅇ

지난 50년 동안, 저는 생물

학계의 가장 뜨거운 논쟁의 중심에 있었습니다. 제가 『생명의

음악』이라는 책을 출판하고 시스템생물학에 관한 강연을 처음

시작했을 때, 다른 과학자들의 거센 비난이 쏟아졌습니다. 제

가 주장하는 내용이 주류 생물학, 특히 기존 진화론의 관점과

달랐기 때문입니다.

기존의 관점으로 가장 널리 알려진 것은 이른바 이기적 유

전자 이론입니다. "유전자가 우리의 몸과 마음을 창조했다.

(…) 우리는 유전자의 생존기계다"라는 말로 유명한 생물학자

리처드 도킨스는 『이기적 유전자』에서 생명을 선천적으로 이

기적이라고 묘사합니다. 우리 몸 안의 개체들을 경쟁적이고 적대적인 관계로 설정하지요.

하지만 저는 반대로 상호 우호적이며 협동적이라고 해석합니다. 완전히 상반되는 주장이지요. 기존의 생물학자들은 대부분 제 의견에 격렬하게 반대했습니다. 저에 대한 비판은 2006년부터 2016년까지, 10년 동안 쭉 이어졌습니다. 제가 영국 국립과학관에서 왕립학회 회의를 주최할 때까지요. 기존의 생물학 관점을 뒤집는 학술회의가 성공적으로 열린 뒤에야, 사람들은 비난을 멈췄습니다.

저와 도킨스는 오랫동안 논쟁을 벌여왔습니다. 도킨스뿐만 아니라 20세기 들어 현대 생물학의 주류가 된 분자생물학은 'DNA와 유전자가 생명의 핵심이며 유전자를 파헤치면 모든 생명 활동의 비밀을 밝혀낼 수 있다'고 열렬히 주장해왔습니다. 뭔가 근사한 이야기처럼 들리지만, 실제는 그렇지 않습니다. 극단적으로 한쪽에 치우친 사고지요. DNA는 그 자체로는 아무것도 할 수 없기 때문입니다.

나의 몸을 구성하는 모든 세포(몇 가지 예외적인 면역세포를 제외하고)에는 정확히 동일한 게놈, 유전자가 존재합니다. 나의 근육세포와 간세포, 뼈세포는 물론 200~300가지 유형의 세포들이 전부 동일한 유전자를 가지고 있어요. 하지만 그 세포들은 아주 다르게 보고 느끼고 행동합니다. 근육세포는 몸의 움직임을 담당합니다. 간세포는 음식물을 소화해 얻은 당분을 여기저기로 적절하게 이동시킵니다. 뼈세포는 뼈라는 아주 단단한 구조를 형성합니다. 어떻게 동일한 유전자가 이토록 전혀 다른 세포를 만들어낼 수 있을까요?

답은 간단합니다. 세포가 만들어질 때, 유전자에게 말해주는 겁니다. 갖고 있는 유전 정보 중에서 어떤 부분이 얼마나 많이 활동해야 하는지 말이지요. 심장세포는 유전자에게 단백질을 통해 심장세포 표현(cell expression)을 하라고 지시합니다. 간세포는 유전자에게 "나는 간세포 단백질을 원해"라고 하고, 뼈세포는 "나는 뼈세포 단백질을 원해"라고 하는 식이지요.

도킨스의 이론에 따르면 부모는 아이에게 두 사람의 어떤 특정한 유전 형질을 고스란히 물려줍니다. 바로 아버지의 정자와 어머니의 난자를 통해 옮겨지는 유전자를 통해서 말이지요. 그런데 정자와 난자는 둘 다 세포입니다. 세포는 여러 형태로 무수히 많은 복제를 하지, 그대로 똑같이 전달되는 게 아니에요. 아이가 물려받은 DNA 안에는 단지 부모의 유전자뿐만 아니라, 굉장히 많은 다른 요소가 같이 들어 있습니다.

한 가지 간단한 실험을 소개해볼까요. 일란성 쌍둥이는 서로 동일한 유전자를 가지고 있습니다. 그런데 어느 일란성 쌍둥이가 성장하여 한 명은 운동선수가 되고 다른 한 명은 사무직 근로자가 되었습니다. 두 사람의 생체를 실험한 결과, 몸을 움직이는 운동선수와 앉아서 일하는 사무직 근로자의 체내 모든 세포의 유전자 표현 유형(expression pattern)이 다르다는 것이 밝혀졌습니다. 사회적으로 학습된 경험, 생활양식 같은 것이 유전자에 영향을 주고 그것이 어떻게 표현될지를 결정한다는 증거죠. 결국 내가 무엇이 될지 결정하는 건 게놈(유전자) 스스로가 아닙니다. 그렇다면, 무엇이 나를 결정하는 걸까요?

분자 생물학은 분자 수준에서 생명활동을 해석합니다. 반면, 시스템 생물학은 분자에 국한하지 않고 우리 몸을 구성하고 있는 분자, 원자, 양자에서부터 시작해서 세포, 장기, 조직 그리고 개체에 이르기까지 모든 영역이 서로 유기적인 관계를 맺고 상호작용을 한다고 말합니다. 그 상호작용이 바로 생명 활동의 핵심이죠. 즉, 생물체를 하나의 시스템으로 보는 것입니다.

유전자 위에는 아주 복잡한 교류 시스템이 있습니다. 많은 종류의 분자, 세포, 장기, 조직을 상호작용하게 하는 시스템과 그 전제로서의 유기체가 존재하죠. 우리는 이 시스템을 통해서 유전자가 하는 일을 결정합니다. 결코 유전자 혼자서 스스로 행동하는 게 아닙니다. 유전자 혼자서는 아무런 역할을 하지 못합니다.

데
니
스
노
블

생명은
씨앗과
열매의
관계와 같다

●

생명이란 유전자도 DNA도
아니고 단백질의 합은 더더욱 아닙니다. 우리가 살아 있는 것
은 우리 몸 안에 있는 수많은 요소가 상호작용을 하면서 반응
하는 과정에 의한 작용입니다. 생명을 바라보는 이러한 관점을
저는 불가의 가르침에서도 발견했습니다.

모든 것은 유동적인 상태에 있다.
모든 것은 끊임없이 변한다.
모든 것은 과정이고 조건부의 발생이다.
하지만 우리는 그것을 일일이 말로 표현할 수 없다.

매우 흥미롭게도 불가에서도 본질적으로 중요한 건 과정이라고 말합니다. 삶은 이 상태에서 저 상태로의 자연스러운 진행 과정이자, 모든 것이 유동적이지요. 우리는 고정된 존재가 아니라 끊임없이 다른 무엇으로 되어가는 과정에 있습니다. 인간이란 무엇인가, 나는 어떤 존재인가에 대해 불가와 시스템 생물학의 접근 방식은 매우 유사합니다.

저는 오래된 동양의 사상 속에서 현대 과학의 상대성과 같은 개념을 발견하는 데 완전히 매료되었습니다. 그리고 많은 예시를 찾게 됐어요. 지금으로부터 무려 1300여 년 전, 7세기에 쓰인 원효대사의 저서 『금강삼매경론』 중에 상대주의적인 관점을 정확히 보여주는 시가 있습니다. 굉장히 놀랍고 뛰어난 시입니다. 저는 이 시의 원문을 해석하기 위해 한자를 배우기도 했습니다.

과일과 씨앗은 같지 않다.

형태가 다르기 때문이다.

그러나 이 둘은 다르지도 않다.

과일과 씨앗은 소멸하지 않는다.

과일은 씨앗으로부터 만들어진다.

씨앗이 과일 안으로 들어간 것은 아니다.

씨앗은 과일의 상태가 되었을 때는 존재하지 않는다.

과일은 씨앗을 소멸하게 하지 않는다.

과일은 씨앗의 상태일 때는 존재하지 않는다.

둘 다 들어가거나 소멸하지 않으니 발생하는 것도 없다.

둘 다 영원하지 않고 소멸하지 않으니 끊임이 없다.

끊임이 없으니 비존재는 공언할 수 없다.

존재와 비존재 양변으로부터 자유로우니,

존재한다, 혹은 존재하지 않는다고 규정할 수 없다.

중도에 부합하지 않으니,

존재한다, 혹은 존재하지 않는다고 규정할 수 없다.

따라서 네 가지 관점으로부터 자유롭다 규정되며

언어적 표현으로부터 단절된다.

이처럼 암마라(과일)는 언어를 초월한다.

하나는 또 다른 하나의 원인이 됩니다. 각각의 존재를 완전히 독립된 개체가 아닌 서로의 상관관계 안에서 이해해야 한다는 상대성의 원리죠. 정말 놀랍게도 이 시에서 씨앗을 유전자로, 과일을 인간으로 바꿔도 정확히 그 의미가 들어맞습니다.

씨앗이 식물을 키워내고 그 식물에서 열매가 맺히는 과정, 그렇게 끝없이 반복되는 순환을 통해서 모든 생명의 순환을 엿볼 수 있습니다. 이 과정을 현대 생물학으로 해석해보면, 인간은 DNA를 사용해서 인간을 만들고 DNA는 인간을 사용해서

DNA를 다시 만드는 과정과 유사합니다. 생명은 씨앗이나 열매, 사람과 DNA 둘 중 어느 하나의 개체에만 달린 게 아니고, 그 둘 사이의 관계가 바로 핵심이라는 이야기입니다. 생명을 바라보는 불가의 관점이 시스템 생물학이 말하는 것과 정확히 일치한다는 것을 이 시를 통해서 알 수 있습니다.

생물학에서 말하는 상대성의 원리를 요약하면, 우리 몸에 있는 모든 조직이 우리가 보고 느끼고 생각하는 것들을 만들어 내는 요소라는 것입니다. 아인슈타인의 상대성이론은 물질과 공간이 따로 분리된 존재가 아니라 중력에 의해서 상호작용한다는 것이 핵심인데요. 시스템 생물학에서도 우리 몸의 특정한 부분이 절대적인 역할을 하는 게 아니라 모든 부분이 각각 서로 연결되어 있으며, 서로 상대적인 작용을 통해서 기능한다는 것이 핵심입니다.

원효대사는 물론 시스템 생물학자가 아니었습니다. 까마득한 과거에 살았던 분인데도 생명에 대한 이해가 현대 과학과 굉장히 유사하다는 것은 정말 놀라운 일입니다.

주연과
조연

●

　　　　　　　　　우리가 자주 보는 영화나
드라마에는 보통 주연과 조연이 따로 있습니다. 일상에서도
흔히 주연과 조연을 구분하게 되지 않습니까? 불가에는 그런
게 없습니다. 실상사를 보면 실상사 주지 스님은 주연이고 나
머지 사람들은 다 조연일 것 같죠? 하지만 그렇지 않습니다.
불가에서는 모두가 주체이자 객체가 됩니다. 기본적으로 어떤
형태로든 일방적인 명령을 내리는 자는 존재하지 않는다고 보
는 거죠.

　예를 들어 실상사의 밥 문제는 공양간의 공양주 보살님이
책임지세요. 그래서 밥 문제에 대해서는 공양주 보살님이 주연

이고 나머지 사람들은 다 조연입니다. 또 매일 마당을 청소하는 일은 그 일을 주도하는 스님이 주연이고 나머지 사람들은 조연인 거예요. 그래서 불교의 세계관이나 인생관 속에는 지휘자가 따로 있다는 사고방식이 없습니다. 그게 바로 불교의 연기론입니다.

우리 인간의 몸도 마찬가지입니다. 모든 부분이 주연이자 조연입니다. 걷는 일을 할 때는 발이 주연이고 나머지는 거기에 조연이 되어 돕습니다. 판단하고 분별하는 일을 할 때는 뇌가 주연이고 나머지는 조연이 되고 그렇지 않습니까? 다만 각자 주어진 역할이 다를 뿐이죠. 그러니까 만물의 모든 것은 늘 주체이자 객체인 것입니다.

나라는
존재는
내 안에 없다

○

          지금까지 시스템 생물학을
통해 이해한 바에 따르면, 우리 체내의 시스템에는 절대적인
통제자가 따로 없습니다. 모두에게 지시를 내리는 단일한 분
자라는 건 존재하지 않는 거죠. 우리가 하는 모든 일, 생각하고
행동하는 방식은 어느 한 부분이 통제하는 게 아니라 생명이라
는 시스템 전체에서 발생합니다.

    누군가가 저에게 '너는 어디에 있느냐', '데니스 노블이 어디
에 존재하느냐'라고 물어본다면 어떻게 대답할 수 있을까요?
과연 제 안에는 저를 데니스 노블로 만드는 뭔가가 존재하는
걸까요? 만약 그것이 '나'라는 조직 체계를 총괄하는 상위 시

스템을 말하는 것이라면, 그런 식의 '나'라는 특정 부분은 없을 것입니다. 그렇다면 나라고 여겨지는 것은 무엇일까요?

질문을 조금 바꿔서, 내 안의 무엇이 의식을 하는 거냐고 묻는다면 어떨까요. 어떤 과학자들은 그것도 답이 될 수 있다고 생각합니다. 대부분의 사람은 의식이 뇌 속에 있다고 생각합니다. 뇌 스캐닝 기술을 통해 인간의 뇌 속을 들여다보면, 우리가 활동을 할 때마다 특정 부분이 활성화되어 환하게 밝아지는 것을 볼 수 있습니다. 하지만 그것은 주로 뇌 속의 혈류를 보여줄 뿐입니다. 의식의 실체라기보다는 뇌가 기능하는 현상을 보여줄 뿐이죠. 그렇다면 의식은 어디에서 발생할까요?

예를 들어, 개는 의식을 갖고 있을까요? 저는 그렇다고 생각합니다. 개는 자신이 하는 일, 자신이 사는 세계를 이해한다고 생각합니다. 곤충은 의식을 갖고 있을까요? 마찬가지로 그렇다고 생각합니다. 그렇다면, 단세포에도 의식이 있을까요? 글쎄요. 알 수 없습니다. 나의 출발점인 수정된 난세포로부터 내 몸이 만들어지기까지의 발전 과정 중에 정확히 어떤 단계의 어디쯤에서 '나'라는 의식이 생기는가에 대해, 현재로서는 전혀 알 수 없습니다. 그건 극도로 어려운 문제입니다. 우리가 말할 수 있는 게 있다면, 어떤 의미에서는 나의 몸 안에서 '진정한 나'를 찾을 수 없다는 것입니다.

당신은 나를 볼 수 있고 나와 이야기도 할 수 있습니다. 우리는 모두 그게 무슨 뜻인지 압니다. 하지만 우리 몸 안에서, 그모든 것을 가능하게끔 만드는 어떤 고정된 실체가 존재하느냐고 묻는다면, 애초에 질문이 잘못되었어요. 그리고 이러한 시각은 '무아'라는 불교의 개념과 사뭇 닮아 있습니다.

무아(No Self), 산스크리트어로는 아나트만(Anatman). 초기 불교에서 사용했던 팔리어로는 아나타(Anatta)입니다. 고정된 실재로서의 나는 없고 모든 것은 변화하는 과정에 있다는 불교의 개념은 제가 연구하고 있는 시스템 생물학과 동일한 관점을 가지고 있습니다. 물론 그것을 완전히 증명할 수는 없지만, 적어도 저는 그렇게 이해하고 있습니다.

있는
그대로 보는
지혜

○

　　　　　　　　　　　　내가 만들어낸 나를 떠날 때, 비로소 진짜 나를 만날 수 있습니다. 사실 인간은 욕망덩어리예요. 좋은 걸 보고 싶고, 맛있는 음식을 먹고 싶고, 예쁜 옷을 입고 싶고, 또 편안한 곳에서 자고 싶죠. 욕심은 차별심에서 생깁니다. 이건 좋다, 저건 나쁘다, 이게 더 좋다, 저게 더 나쁘다, 이렇게 매번 차별하는 습관이 반복되면 욕심은 걷잡을 수 없이 커지고, 결국 그렇게 거대해진 욕심을 채울 수 없어 매사에 만족할 수 없게 됩니다.

더 좋고 나쁜 건 없습니다. 모든 게 소중하고 귀하죠. 사과나무를 한번 생각해봅시다. 봄이 되면 수많은 꽃이 피지만, 그 꽃들이 모두 다 열매를 맺고 사과가 되지는 못하지요. 나무에 사과가 열리면 우리는 마치 그것이 쉽게 생겨난 것으로 착각하고 대수롭지 않게 여기지만, 사실 그 사과 한 알 속에는 신비로운 자연의 섭리가 오롯이 담겨 있습니다. 땅과 햇빛과 비바람과 수많은 생명체들의 도움을 받으며 온갖 험난한 과정을 겪어낸 끝에 지금의 모습이 된 것입니다. 그 사실을 제대로 볼 줄 알게 되면, 지금 내 앞에 있는 것들 하나하나가 다 귀중하다는 것을 알게 됩니다.

차별하지 않고 있는 그대로 보는 것. 그것은 대체 어떤 걸까요? 지금 눈앞에 보이는 현재의 상태뿐만 아니라, 현재의 상태가 되기까지 과거의 시간과 모든 것들의 관계성을 이해하고, 그 안에서 모든 가능성을 열어두고 보는 것입니다.

이처럼 있는 그대로 볼 줄 아는 것이 바로 지혜입니다. 그것을 불교에서는 중도라 부릅니다. 지혜로운 사람이 되려면, 차별하지 않는 습관을 만들고 있는 그대로의 모습을 제대로 파악하고 인정하고 존중하는 연습을 해야 합니다. 그렇게 되면 내 욕망의 노예가 되지 않을 수 있고, 우리에게 다가오는 모든 순간을 충만하게 살 수 있습니다.

스스로
만든
틀을
깨라

○

20여 년 전의 일입니다. 당
시 저는 여러 스님과 함께 선방 생활을 하고 있었어요. 백양
사 운문암이라고 하는 산속의 작은 암자였는데, 스무 명 정도
가 방 하나에서 함께 잠도 자고 밥도 먹고 참선도 하는 곳이었
죠. 가지각색의 다양한 스님들이 오로지 참선 수행을 위해 모
였어요. 저는 일찍 출가를 한 편이지만, 늦게 출가한 스님 중에
는 자기주장이 강하고 개성이 뚜렷한 분이 많아요. 대개 부모
와 친구의 격렬한 반대를 무릅쓰고 인연의 끈을 끊어내며 출가
한 분들이니까요.

그런 스님들 스무 명과 석 달 동안 한방을 쓰고 대중 생활을

한다고 하니까 처음엔 굉장히 조심스러웠어요. 제 나름대로 둥글어질 준비를 했습니다. 산속의 돌은 날카로운 상태 그대로인데, 바닷가의 돌은 서로 부딪쳐서 날 선 부분이 다 깨지고 둥글둥글해지잖아요. 그게 바로 대중 생활이라고 할 수 있죠. 함께 방을 쓰다 보면 각각의 날카로운 부분이 부딪치고 깨지기 마련입니다. 그걸 두려워해서는 안 돼요. 깨지는 아픔이 있어야 둥글어지고 함께 더불어 살게 되는 거죠.

그런데 함께 방을 쓰는 스님 중에 말도 행동도 무척 거친 분이 있었어요. 어느 날 혼자 암자 둘레를 산책하는데, 저쪽에서 그 스님이 다가오는 거예요. 순간 다른 방향으로 몸을 트는 나를 발견했어요. '왜 내가 저 스님을 피했지?' 그때서야 뭔가 잘못되었다는 걸 알았죠. 저도 모르게 저 스님하고 가까이해서는 안 되겠다는 생각을 하고 있었던 거예요. 그런 마음이 있으니 늘 그 스님과 거리를 두고 생활했고, 심지어 여럿이 앉아 차를 마셔도 그 스님께는 제일 늦게 주곤 했던 거죠. 당시에는 스스로 그런 행동을 하는지도 몰랐어요. 하지만 생각이 자연스레 행동으로 이어졌던 것입니다.

방으로 돌아와 그 화두를 붙잡고 오래도록 참선을 했습니다. 내 안에 '스님이라면 응당 이러해야 한다'는 틀이 있었다는 것을 알게 됐어요. 어느 날 문득, 옆에서 묵묵히 정진하는 그 스님의 마음이 오롯이 느껴지기 시작했습니다. 그 스님은 조금 늦게 출가를 했거든요. 나이가 들어 출가하게 되면 고민이 더 많을 수 있잖아요. 살면서 깊이 맺어온 관계를 떨치고 출가한 다는 게 힘들고요. 그러니까 나보다 훨씬 어렵게 큰마음을 내 어 수행하고 있는, 그런 마음이 읽히는 거예요. 내 멋대로 바라 보고 쉽게 판단 내린 마음이 아니라 그 스님의 마음이 있는 그 대로 느껴졌어요.

그러자 차례로 옆에 있던 다른 스님들도 다르게 보이기 시 작했습니다. 한 분 한 분의 마음이 느껴지면서 고마움이 밀려 왔습니다. 이분들 덕분에 내가 이 자리에 있구나, 라는 생각이 들었어요. 그때 비로소 내가 생각하는 틀이 조금 깨진 것을 느 꼈습니다.

그때까지 저는 소나무를 무척 좋아했습니다. 소나무가 많은 산은 기개가 넘치고 멋들어진 진짜 산처럼 보이고, 소나무가 없는 산은 힘이 없다고 생각해서 눈길조차 안 줬어요. 산책하 다 쉴 때도 무심코 소나무 밑에 앉아 있곤 했습니다.

그런데 그날 깨달음을 얻고 나서 밖으로 문을 열고 나왔는 데, 숲에 있는 나무들이 전부 다 눈에 들어왔어요. 모든 나무가 다 반가운 거예요. 단풍나무는 단풍나무대로, 참나무는 참나무 대로, 비자나무는 비자나무대로, 그 하나하나의 특징과 아름다움이 느껴지고 그 나무가 내게 주는 것들, 시원한 바람과 맑은 공기와 새들이 노래하는 소리를 전부 느낄 수 있었어요. 내가 나무를 바라보는 게 아니라, 나무들이 하나하나 있는 그대로 다가오는 느낌이 들었습니다.

문득 눈물이 주룩 흘렀어요. 동백나무를 만나도 후박나무를 만나도 단풍나무를 만나도 너무나 좋고 기쁜 거예요. 소나무 한 그루 봤던 때의 기쁨보다 수천, 수만 배의 기쁨을 느끼게 된 거죠. 차별하는 마음은 내가 선택한 하나만 좋고 나머지는 싫어하는 것으로 만들어버립니다. 스스로 삶을 괴롭게 만드는 첫 걸음이죠. 차별하는 마음은 그 뿌리가 깊어 쉽게 사라지지 않습니다.

제 안에 붙어 있던 차별심이 조금 떨어져 나간 그날의 경험 이후로 저의 삶은 훨씬 더 자유로워졌습니다. 내가 생각하는 틀을 버리고 내가 만들어낸 나를 떠날 때 비로소 진짜 나를 만날 수 있습니다.

깨달은 자는
어떻게 생겼을까

○

불가에서는 진리를 깨달은 사람을 붓다 혹은 부처님이라고 부릅니다. 그런데 이 부처님은 과연 어떤 존재인가에 대해 선사의 단순명료한 설명이 있습니다. 먼저, 붓다는 어떻게 생겼을까요?

"머리는 하늘을 향해 있고, 두 발은 땅을 딛고 서 있다.
눈은 가로로 놓여 있고, 코는 세로로 붙어 있다."

다음으로, 붓다는 어떻게 살았을까요?

"밥이 오면 입을 열고,
졸음이 오면 눈을 감는다."

머리는 하늘을 향해 있고 두 발은 땅을 딛고 서 있는 모습으로 생긴 사람이 깨달은 자, 부처다. 밥이 오면 입을 열고 졸음이 오면 눈을 감으며 사는 사람이 깨달은 자, 부처다. 바꿔 말하면, 이런 얘기를 하는 거죠. 나와 당신, 우리 모두가 바로 부처다, 인간은 누구나 다 부처다.

당신은
지금 모습
그대로
완전하다

●

　　　　　　　　　　　인간이 바로 부처다. 이 말
은 무슨 뜻일까요? 사람들은 대개 자신이 불완전하다고 생각
합니다. 어딘가 부족하고 문제가 있다고 느껴요. 그렇게 지금
당장은 부족하지만 언젠가는 완전해지고 싶다고 생각하면서
욕심도 부리고 무언가 계속 채워 넣으려 하죠. 그런 사람들에
게 옛 선사들은 이렇게 물었습니다.

　도대체 당신에게 부족한 게 뭔가?
　애인을 보고 싶은데, 눈이 두 개라서 부족한가?
　애인의 목소리를 듣고 싶은데, 귀가 두 개라서 부족한가?

애인의 집에 가고 싶은데, 다리가 두 개라서 부족한가?

충분하잖아요. 눈이 열 개면 더 좋은 걸까요? 두 개면 충분하죠. 그게 바로 완전한 겁니다. 두 눈으로 볼 수 없다고 생각해보세요. 볼 수 있다는 게 얼마나 기적인가. 콧구멍으로 숨을 쉴 수 없다고 생각해보세요. 숨을 쉴 수 있다는 게 얼마나 기적인가. 하나하나 확인해보면, 내게 주어진 모든 것이 전부 다 놀라운 일입니다. 공짜로 주어지니까 시시하게 여기는 게 문제인 겁니다. 당장 다리 하나가 부러졌다고 생각해보세요. 두 다리가 온전하다는 게 얼마나 대단한 건지 실감하게 되죠. 따져보면, 이 세상에 그보다 더 좋은 건 없는데도 별것 아니라고 생각하는 거예요. 볼 수 있고 들을 수 있고 말할 수 있고 다 할 수 있다는 것, 즉 살아 있다는 것보다 좋은 게 뭐가 있을까요.

결국, 지금 여기에 존재하는 나보다 더 멋지고 좋은 건 없는 거예요. 따라서 지금 여기, 이미 완전한 나의 존재를 알고 온전하게 살라는 말입니다. 그러면 삶이 충만해집니다. 인간은 본래 완전한 존재다, 인간이 곧 부처다, 라는 말은 그런 뜻입니다.

현대 과학이 첨단을 달린다고 하지만, 여전히 사람의 생명보다 더 귀한 건 없죠. 사람이 살아가는 데 지구만 한 곳도 아직 못 찾아냈고요. 우리는 대단한 존재들입니다. 무한한 우주

속에서 지구가 그만큼 대단한 곳이기도 하고요. 그런데 대다수 사람은 그런 사실을 잘 모르고 살아갑니다.

당신은 지금 그 모습 그대로 완전합니다.
존재 자체가 기적입니다.
모든 일상이 신비이고 불가사의입니다.

우주의 크기,
우리 존재의 크기

　　　　　　　　　　　　　새카만 밤하늘을 올려다보
면 반짝이는 별을 볼 수 있습니다. 오래 보고 있을수록 더 많은
별들이 떠올라요. 눈이 조금씩 어두운 환경에 적응하기 때문이
죠. 별이 쏟아지는 밤, 우리는 별의 개수를 하나하나 세어보며
인간의 인식을 뛰어넘는 광활한 우주의 크기를 떠올리게 됩니
다. 헤아릴 수 없이 드넓은 우주에는 과연 얼마나 많은 별이 존
재할까요?

　1995년 허블 망원경을 통해서 우주를 전보다 가까이 관측
할 수 있게 된 천문학자들은 아주 역사적인 실험을 하게 됩니

다. 아무것도 보이지 않는 우주의 어두운 빈 공간을 무턱대고 오랫동안 촬영해본 것입니다. 암흑의 한 지점을 향해 망원경의 포커스를 맞추고 11일 동안 관측을 했습니다.

그러자 놀라운 일이 벌어졌어요. 아무것도 보이지 않던 어둠 속에서 수백만 개의 별빛이 보이기 시작한 거예요. 그건 자그마치 3000여 개의 은하였습니다. 그날의 발견 이후 과학자들은 우주 전체를 이루는 입자의 수를 계산할 수 있었습니다. 마침내 계산해낸 숫자는 약 10의 80제곱이었어요. 81자리 수인 거예요. 얼마나 많은지 상상할 수 있나요? 정말 어마어마한 숫자지요.

또 다른 수를 들어볼게요. 우리는 누구나 대략 3만 개의 유전자를 가지고 있어요. 별로 많지 않은 것처럼 보이지만, 사람은 유전자 자체가 아니라 유전자들 사이에서 일어나는 상호작용에 따라 구성됩니다. 그렇다면 그 유전자 사이에서 얼마나 많은 상호작용과 교류가 일어날 수 있을까요?

몇 년 전에 제가 직접 그 수를 계산해보았습니다. 무려 2 곱하기 10의 72,403제곱이에요. 대략 $10^{70,000}$이라고 말할 수 있죠. 이 숫자를 다 적는 데만도 이 책의 30쪽가량이 필요할 겁니다. 우주 전체를 이루는 입자의 수와는 비교도 안 될 만큼 많은 거예요.

10^{80}과 $10^{70,000}$의 기적.

그렇기 때문에 이 세상에 또 다른 나는 절대 존재할 수 없습니다. 우리는 모두 특별해요. 모든 삶은 귀중한 거예요. 자신의 존재를 소중하게 여기고 진지한 태도로 삶을 대해야 합니다. 스스로 자기 삶의 방향을 찾고 통제할 수 있어야 해요.

이런 생각은 불교 철학의 핵심이기도 합니다. 한국에서 만난 스님들께서는 "부처님은 우리에게 무엇을 어찌하라고 말씀하신 게 아니라, 자기 삶을 주도적으로 이끌어가고 자신이 행하는 모든 일에 책임감을 가지라고 하셨다"라고 가르쳐주셨습니다. 그게 바로 현대 과학이 발견한 아주 중요한 두 가지 숫자, '10^{80}'과 '$10^{70,000}$'이 전달하는 메시지예요. 우주의 크기, 그리고 인간이 가질 수 있는 놀라운 가능성의 크기지요.

3부

마음을 어떻게 다스릴 것인가?

고통의 원인을 파악했다고 해서 저절로 문제가 해결되지는 않는다. 마음이 내 의도대로 움직여지지만은 않기 때문이다. 통제를 벗어나 날뛰는 감정은 일상을 위협하기도 하고, 때론 영혼을 잠식해 공허감을 퍼트린다. 분노에 이성이 마비되기도 한다. 후회할 것을 알면서도 감정을 주체 못해 부끄러운 판단이나 행동을 했던 경험이 누구에게나 있을 것이다. 다시는 안 그러겠다고 다짐해봐도 제대로 된 해결책을 찾지 못하면 비슷한 실수를 반복한다. 우리의 마음은 습관대로 움직이기 때문이다.

　참선 명상은 마음을 다스리고 습관을 바꾸는, 불교의 중요한 수행법 중 하나다. 노블 교수는 한국 사찰을 여행하기 전부터 이미 뛰어난 명상가였다. 길을 걷거나 요리를 하다가도 언제 어디서든 쉽게 명상 상태로 들어가곤 했다. 심지어 여행을 몇 달 앞두고 손가락에 가벼운 부상을 입은 후, 마취를 하지 않고 명상으로 통증을 다스리며 무사히 수술을 마쳤다. 물론 이런 놀라운 능력은 20여 년에 걸친 훈련을 통해 얻은 것이다.

　노블 교수는 명상으로 인생에서 가장 힘든 시기를 이겨냈다. 명상을 통해 전과는 전혀 다른 방식으로 마음을 다스리고 치유하게 되자, 그의 삶은 완전히 바뀌었다. 그는 명상이 우리의 삶에 무엇을 해줄 수 있는가에 대해 스님들과 이야기를 나누고, 참선 수행의 개념과 원리를 더욱 깊이 탐구했다.

미황사는 한반도 가장 남쪽 끝에 자리한 깊은 산중 사찰로 달마산에 푹 파묻힌 아름다운 절경으로 유명하다. 한국의 대표적인 참선 지도자인 금강 스님은 미황사를 전면 개방해 누구나 이곳에 와서 깊은 휴식을 취하고 전통적인 수행을 체험하도록 했다. 매년 찾아와 템플스테이를 하는 4000여 명 중 500여 명은 외국인이다. 대부분 종교와 관계없이 명상법을 배우기 위해 모인다.

금강 스님과 노블 교수는 산속의 수행자보다 도시 한복판에 사는 사람들에게 명상이 더욱 필요하다는 데 동감했다. 날마다 스트레스와 압박에 시달리는 이들에게 명상은 어떤 약보다 효과적인 마음의 기술이 될 수 있기 때문이다. 지금부터 요동치는 마음을 바로 보고 제대로 다스리는 방법을 살피고, 누구나 따라 할 수 있는 참선 명상법을 만나보자.

꽃을 들자
미소를 짓다

○

　　　　　　　　　　어느 날, 부처님이 제자들
과 함께 모여 있는 자리에서 연꽃 한 송이를 가만히 들어 보였
습니다. 그러자 가섭이라는 제자가 홀로 빙그레 미소를 지었지
요. 제가 가장 좋아하는 화두인 '염화미소(拈花微笑)'에 얽힌 이
야기입니다. 가섭은 왜 미소를 지었을까요? 대체 이 이야기에
는 무슨 뜻이 담겨 있을까요?

　부처님은 깨달은 분입니다. 가만히 앉아 있어도, 서 있거나
밥을 먹거나 걸음 하나를 걸을 때에도, 그 행동 안에 지혜와 자
비가 들어 있습니다. 일상의 모든 순간에 번뇌와 망상이 없는
평화롭고 고요한 마음을 가지고 있습니다.

부처님은 바로 그런 번뇌와 망상이 없는 마음으로 꽃을 들어 보였고, 가섭 또한 부처님과 같은 지점에서 꽃을 보았기에 그 마음을 그대로 알아보고 미소 지은 것입니다. 그래서 염화미소란, 말로 통하지 않고 마음에서 마음으로 깨달음을 전하는 것을 뜻합니다.

그런데 우리는 대부분 가섭처럼 빙그레 미소 지을 수가 없어요. 꽃을 보고 자신의 지난 경험을 떠올리거나, 추측하고 상상해서 보기 때문이죠. 어떤 사람은 '저 꽃 나도 갖고 싶다' 이런 욕심이 들 테고, 지식이 좀 있는 사람은 '아, 부처님은 진흙탕 속에서 연꽃이 피어난다고 하셨지. 아마 우리에게 이 험한 세상에서도 흔들림 없이 연꽃과 같은 맑은 마음을 지키라고 말씀하신 걸 거야' 하고 추측하기도 하죠. 그래서야 꽃을 제대로 볼 수가 없습니다.

부처님이 든 꽃과 마찬가지로 세상의 모든 것들을 볼 때, 우리는 욕심을 부리거나 경험과 지식을 가지고 추측하고 상상합니다. 그것은 결국 실제를 보는 일이 아니라, 내가 만든 의식으로 보는 것이죠. 내 의식이 아닌 부아석 관점으로 세상을 보는 것이 중요합니다.

우리는 식당에서 밥 한 끼를 먹으면서도 끝없이 시비하는 마음을 냅니다. 음식이 '맛있다', '맛없다'를 분별하고, 지난번에 갔던 식당보다 '낫다', '못하다'를 분별하며, '다음에 또 와야지', '다신 오지 말아야지' 같은 시비를 끊임없이 나누는 거죠.

그렇다면 부처님은 똑같은 음식을 먹으면서 어떻게 생각할까요? 맛으로 차별하는 것이 아니라 '이 쌀 한 톨이 정말 귀하다', '이 음식을 만든 사람의 정성이 대단하다', 이렇게 음식에 담긴 연기적 관계성을 함께 보게 됩니다. 시비를 가리고 차별을 하는 게 아니라, 음식 하나하나에 담긴 귀한 정성을 보고 먹습니다. 단순히 맛을 따지는 차원이 아닌 거죠. 이 음식을 먹을 수 있어서 행복하고, 음식이 나에게 오기 전까지 거쳤을 농부의 땀과 땅과 햇살, 빗물, 바람, 맑은 공기를 떠올리며 감사한 마음을 갖는 것입니다. 그러니까 시비하지 않고 본질을 보는 거지요.

본질을 본다.

이것이 중요합니다. 하나의 존재나 현상을 보더라도, 거기에 연관되어 있는 수많은 것들을 함께 보는 것입니다. 차 한 잔을 마셔도 그 오랜 세월, 차나무에서 차 이파리가 하나씩 나오던 때, 그걸 쑥쑥 자라나게 한 햇빛과 빗물과 바람, 찻잎을 따고 덖는 노고와 내 앞까지 오는 데 쏟은 수많은 존재의 수고와 정성을 함께 보는 것입니다.

시비 분별, 번뇌 망상이 있기 이전의 마음, 비교하기 이전의 마음, 나라고 하는 개념이 있기 이전의 마음. 부처님은 항상 그런 마음으로 행동합니다. 그런 마음에서 꽃을 들어 보인 것이지요. 무아를 체득하고 나의 의식을 뛰어넘기 위해서는 화두와 같은 강력한 무기가 필요합니다. 꽃을 든 부처님의 마음, 그 꽃을 보고 빙그레 미소 짓는 가섭존자의 마음, '그 마음이란 도대체 무엇이지?' 하고 끊임없이 궁금해하고 답을 찾아야 합니다.

나의 본래 마음을 알고 싶다.
그 물음은 결국 이런 뜻이기도 하니까요.

금
강

괴로움은
원래
마음에 없다

○

　　　　　　　　　　모든 사람은 시시때때로 이
세상의 많은 것들로부터 도움을 받고 있습니다. 누구의 도움도
없이 혼자 존재할 수 있는 사람은 없습니다. 그래서 은연중에
나도 누군가에게 도움이 되고 싶다는 마음을 가지게 돼요. 베
풀고자 하는 마음이 이미 내재되어 있는 겁니다.

　가령 조그만 아이가 길을 걷다가 넘어졌다고 생각해보세요.
반사적으로 뛰어가서 일으켜주고 싶은 마음이 누구에게나 일
어나죠. 문제는 도움을 주고자 하는 마음은 있는데, 쓸데없는
걱정이나 집착, 그 행위에 따른 보상이나 기대 같은 탁한 마음
이 일어나면, 그에 고통스럽게 얽히게 되는 거죠.

걱정이나 불안, 이기심, 괴로움은 본래 마음에는 없습니다. 그런데 우리가 살아가면서 마음에 때가 묻게 된 거죠. 순수한 마음이었을 때가 분명히 있었어요. 더러워진 창문을 닦듯이 마음의 때를 깨끗이 닦고, 평화로운 나의 본래 마음을 찾아야 합니다.

마음의
때를
씻는 법

●

　　　　　　　　일상에서 나의 마음을 건강
하게 지키는 것은 결코 쉬운 일이 아닙니다. 그래서 저는 꼭 스
님이나 불교 신자만이 아니라, 사람들 모두에게 수행이 필요하
다고 생각합니다. 특히 겉은 화려하지만 속은 상처투성이인 도
시 사람들에게요.

　명상이나 참선 수행은 특별한 수행자나 종교인만을 위한 게
아닙니다. 속세와 담을 쌓고 깊은 산속에 들어가야만 할 수 있
는 건 더더욱 아니죠. 일상의 내 자리를 지키면서도 얼마든지
할 수 있는 게 참선 수행입니다. 저는 도시 사람들이 자신의 삶
을 수행하는 삶으로 바꾸었으면 좋겠어요. 옷이 더러우면 빨래

를 하고 몸이 지저분하면 샤워를 하듯이, 마음이 탁하면 수행을 하는 겁니다.

몸을 쉬게 하는 법은 누구나 잘 압니다. 그런데 마음을 쉬게 하는 법은 잘 모릅니다. 마음도 쉬어야 합니다. 몸은 잠들면 쉬어지는데 마음은 도대체 어떻게 쉬어야 할까요?

마음을 잘 쉬고 나면, 우리는 물들지 않은 순수한 본래 마음의 상태로 회복하게 됩니다. 초심으로 돌아가는 거죠. 초심은 언제나 나를 새롭게 태어나게 합니다. 가령 『금강경』을 읽는다고 하면, 내가 지난번에 읽었던 생각이나 누구에게 배웠던 기억에 의지해서 읽지 않고, 지금 바로 이 순간 늘 새로운 마음으로 읽는 것입니다. 그러면 볼 때마다 다른 깨달음을 얻을 수 있습니다. 나무 한 그루, 풀 한 포기를 보더라도 현재의 모습을 보아야 합니다. 지금 막 잎사귀가 돋고 꽃이 피는 순간을 잘 볼 줄 알아야 해요. 탁한 마음을 씻어내고 초심으로 돌아가면, 지금 이 순간을 생생하게 볼 줄 아는 지혜가 생깁니다. 때 묻지 않은 우리 본래의 마음으로 돌아가려면 마음을 푹 쉬어야 합니다. 그것이 바로 수행이지요.

마음 그릇
비우기

●

그릇이 비어 있어야, 중요한
걸 담을 수 있습니다. 그런데 우리는 쓸데없는 것만 자꾸 그릇
에 채워 넣다 보니, 정작 귀하고 중요한 걸 담을 수 없게 됩니
다. 지금 내 마음의 그릇이 무엇으로 채워져 있는지 한번 살펴
보세요. 불필요한 감정들, 쓸데없는 망상, 시간이 지나면 아무
것도 아니게 될 고민거리들로 가득 차 있진 않은가 하고요.

또한 나를 보호한다는 명목으로 주변에 점점 높은 담을 쌓
기도 합니다. 지위나 지식, 재산 같은 것들을 최대한 많이 쌓아
올리는 데 집착하고 매달립니다. 그러면 본인은 안전하다고 생
각하겠지만, 결국 그 안에 갇혀버리고 마는 거죠. 깨달음을 얻

기 위해서는 그것들을 비우고 허물어야만 합니다.

그렇게 비우고 허무는 일을 위해, 절에서는 절을 합니다. 절이란 내 앞의 상대방을 섬기고 모시는 일을 온몸으로 실천하는 몸짓입니다. 불교에서 하는 큰절을 '오체투지'라고 하는데, 내 이마와 두 팔꿈치, 양 무릎 이렇게 다섯 부분을 모두 땅에 닿게 하는 인사법입니다. 이마는 내 몸의 가장 높은 곳이잖아요. 이마를 땅에 대면, 자연히 나 자신을 낮추고 상대를 높이게 되죠. 나를 낮추고 낮추다 보면 점점 내가 사라져서 완전히 없어질 때가 오는데, 그것이 바로 무아입니다. 그렇게 됐을 때, 비로소 나의 마음은 세상의 모든 것을 담을 수 있는 커다란 빈 그릇이 됩니다.

그대 없는 나는 존재하지 않습니다. 그대에 의지하여 내가 존재합니다. 나를 존재하게 하는 그대는 무한히 높은 자요, 귀한 자요, 고마운 자입니다. 그대 앞에서 나는 무한히 낮은 자입니다. 끊임없이 나를 낮추고 비우고 나누어야 하는 자입니다. 낮은 자, 비우는 자, 나누는 자의 몸짓이 엎드려 절하는 것입니다. 절이란 주제석으로 낮은 자, 비우는 자, 나누는 자의 삶을 실천하는 행위입니다.

정말
자존심이
중요하다면

○

흔히 말하는 자존심이 센 사
람은 나 자신을 진정으로 아끼고 사랑하는 사람이 아니라, 스
스로 남과 견주어 이기고 싶은 마음이 강한 사람인 경우가 많
습니다. 그런 자존심은 시기와 질투 같은 마음의 걸림돌이 되
어, 자유로운 생각의 흐름을 막고 맙니다. 오히려 주어진 환경
의 틀에 억지로 나를 가두고, 타인을 끝없이 의식해서 거기에
지배를 당합니다.

만약 당신이 남과 비교하는 마음에서 벗어날 수 있다면, 훨
씬 자유로워질 것입니다. 내가 보는 현상과 주변 환경들을 온

전히, 있는 그대로 받아들일 수 있는 지혜와 겸손한 마음가짐
이 걸림 없는 삶, 자유로운 삶을 만들어줄 것입니다.

데
니
스

노
블

나를 찾아
떠나는
여정

○

　　　　　　　　불교에는 깨달음에 관한 재
미있는 우화가 있습니다. 십우도(十牛圖), 또는 심우도(尋牛圖)라
불리는 것으로 잃어버린 소를 찾아 떠나는 목동을 다룬 우화입
니다. 전통적으로 이 이야기는 곽암 선사가 남긴 열 편의 그림
과 시로 구성되어 있지요.

1. 심우(尋牛): 소를 찾아 나서다

아득히 펼쳐진 수풀 헤치고 소를 찾아 나서니 / 물 넓고 산 먼데
길은 더욱 깊구나 / 힘 빠지고 마음 피곤해 찾을 길 없는데 / 단
지 들리는 건 늦가을 단풍나무 매미 소리뿐

2. 견적(見跡): 소의 자취를 보다

물가 나무 아래 발자국 어지럽네 / 우거진 풀숲 헤치고서, 그대 보았는가? / 설사 깊은 산 깊은 곳에 있다 해도 / 하늘 향한 그 코를 어찌 숨기리

3. 견우(見牛): 소를 발견하다

꾀꼬리는 나뭇가지 위에서 지저귀고 / 햇볕 따스하고 바람 부드러운데 강가 언덕 버들도 푸르네 / 이곳을 마다하고 어디로 갈 건가? / 늠름한 쇠뿔은 그리기 어려워라

4. 득우(得牛): 소를 붙잡다

온 정신 다하여 그 소를 붙잡지만 / 힘세고 마음 강해 다스리기 어려워라 / 어느 땐 고원 위에 올랐다가 / 어느 땐 구름 깊은 곳으로 숨어들고 만다네

5. 목우(牧牛): 소를 길들이다

채찍과 고삐 잠시도 떼어놓지 않는 것은 / 제멋대로 걸어서 티끌
세계 들어갈까 두려워함이니 / 서로 잘 이끌고 이끌려 온순해지
면 / 고삐 잡지 않아도 저 스스로 사람을 따르리

6. 기우귀가(騎牛歸家): 소를 타고 집으로 돌아가다

소를 타고 유유히 집으로 향하니 / 피리 소리 마디마디 저녁노을
에 실려 간다 / 장단 하나 가락 하나가 깊은 뜻을 가지고 있으니
/ 음악을 이해하는 사람에게는 굳이 무슨 말이 필요하랴

7. 도가망우(到家忘牛): 집에 이르러 소를 잊다

소를 타고 이미 고향 집에 이르렀으니 / 소 또한 공(空)하고 사람
까지 한가롭네 / 붉은 해 높이 솟아도 여전히 꿈꾸는 것 같으니 /
채찍과 고삐는 초당에 부질없이 놓여 있네

8. 인우구망(人牛俱忘): 소도 사람도 모두 잊다

채찍과 고삐, 사람과 소 모두 비어 있으니 / 푸른 허공만 아득히
펼쳐져 소식 전하기 어렵구나 / 붉은 화로의 불이 어찌 하얀 눈
을 용납하리오 / 이 경지에 이르러야 조사(祖師)의 마음과 합치
게 되리

9. 반본환원(返本還源): 근원으로 돌아가다

근원으로 돌아오고자 무척이나 공을 들였구나 / 그러나 어찌 그
냥 귀머거리 장님 됨만 같으리 / 암자 속에 앉아 암자 밖의 사물
보지 않나니 / 물은 절로 아득하고 꽃은 절로 붉구나

10. 입전수수(入廛垂手): 손을 드리우고 세상에 나아가다

가슴을 풀어헤치고 맨발로 저잣거리에 들어가니 / 재투성이 흙투성이라도 얼굴 가득 함박웃음 / 신선의 비법 따위 쓰지 않아도 / 저절로 마른 나무 위에 꽃을 피우는구나

십우도에서 소는 우리가 찾으려는 '자아' 혹은 '참된 나'를 의미합니다. 즉, 자아를 찾아서 떠나는 여정을 표현한 것이죠.

그런데 가장 흥미로운 부분은 여덟 번째 단계입니다. 텅 빈 원만 덩그러니 그려져 있습니다. 힘겹게 소를 찾아서 집으로 돌아온 목동은 그만 소를 잊고 자기 자신까지도 잊어버리고 나자 무아의 경지에 이릅니다. 비어 있는 원은 어떠한 집착도 없는 완전한 해방을 의미하지요. 즉, 십우도는 마음을 다스리고 궁극적으로 자아에 대한 환상이 사라지는 깨달음의 과정을 보여줍니다. 나를 잊어야 역설적으로 나의 근원에 닿을 수 있다고 말하고 있습니다.

그런데 저는 음악에서 십우도와 비슷한 인상을 받은 적이 있습니다. 예를 들어, 높은 경지에 이른 연주자는 악기를 연주하는 그 순간만큼은 연주 외의 다른 요소들을 의식하지 않는 무아지경에 빠지게 됩니다. 문자 그대로 나를 잊게 되죠. 한번 연주가 시작되면, 마치 음악이 제 의지대로 연주자의 몸을 움직이듯 어떤 걸림도 주저함도 없이 흘러나오게 됩니다.

　이때 연주자는 나를 잊으면 잊을수록, 역설적으로 나의 연주하는 행위를 더 잘 제어하게 됩니다. 또한 연주하는 동시에 스스로 자신의 음악을 온전히 즐길 수 있게 됩니다. 이는 불교에서 추구하는 무아를 통해 해탈에 도달하려는 상태와 매우 유사해 보입니다. 그렇게 본다면 악기를 연주하는 사람은 마치 명상에 빠진 것과 유사한 상태라고도 할 수 있겠죠.

　이처럼 자아를 신경과학의 대상이 아니라 해체되고 통합될 수 있는 상호작용으로 이해한다면, 깨달음의 과정에서 일어나는 일들을 훨씬 쉽게 이해할 수 있습니다.

소를 타고
소를 찾는다

●

　　　　　　　　　　　　요즘 사람들은 모르는 게 없
어요. 어디 가면 밥맛이 좋은지, 어디 가면 놀기 좋은지, 요즘
유행하는 게 뭔지 다 알고 있잖아요. 그런데 정작 나는 누구인
가, 나는 어떤 존재인가, 나의 참모습은 무엇인가에 대해서는
잘 몰라요.

　만약 제가 생명과 평화에 관해서 묻는다면, 제대로 답할 수
있는 사람이 거의 없을 겁니다. 그건 자기 자신에 대해서도 모
르고 있다는 뜻이죠. 그러니까 나 아닌 다른 것들은 거의 전문
가 수준으로 알고 있는데, 정작 자기 존재에 대해서는 무지합
니다.

나 아닌 다른 것을 다루는 기술도 역시 빼어나죠. 스마트폰, 컴퓨터, 자동차 등 온갖 최첨단 기계들을 잘 다루잖아요. 그런데 정작 자기 자신을 다루는 실력은 별로예요. 현대인들이 길을 못 찾고 방황하며 소모적인 삶을 사는 것은 결국 자신에 대한 무지와 자신을 다룰 줄 모르는 무능 탓입니다.

이건 지식의 유무와도 관계가 없어요. 지식이 있든 없든, 돈이 있든 없든, 진보든 보수든 관계없습니다. 나와는 동떨어진 다른 것만 쫓고 있는 거예요. 그로 인해 생긴 삶의 문제를 해결하지 못해 끊임없이 괴로워합니다. 이를 보고 불가에서는 이렇게 얘기합니다.

"소를 타고 소를 찾는다."

불가에서는 깨달음을 얻기 위해 죽기 살기로 애쓰는 사람을 이와 같이 표현합니다. 이미 소를 타고 있는데 그 사실을 모르니 계속 소를 찾는 거죠. 깨달음이란 그저 '내가 소를 타고 있다는 사실을 아는 것'입니다. 그걸 모르면 미욱하고 어리석은 것이죠.

소를 타고 있다는 사실을 알 때와 모를 때. 둘은 무슨 차이가 있을까요. 소를 탄 줄 모르면 계속 소를 찾으러 다녀야 하기 때문에 현재의 삶을 살 수가 없어요. 계속 소만 찾아서 헤매게 돼요. 불교의 깨달음을 얻겠다고 선방에 틀어박혀 수행만 한다면 이 깨달음이라는 소를 찾느라고 현재의 삶은 사라집니다. 10년을 해도 안 되고 때로는 20년, 30년을 그러고 있죠. 얼마나 기가 막힌 일입니까.

반면에 소를 찾으면 그때부터는 내 마음대로 할 수 있어요. 상황에 맞춰서 뭐든지 할 수 있죠. 밭을 갈아야 할 상황이면 소를 몰고 가서 밭을 갈면 되고, 놀고 싶으면 소를 타고 옆 동네에 가서 유유자적 놀다 와도 되죠. 내게 필요한 삶, 즉 현재의 삶을 온전히 사는 게 가능해지는 거예요. 이런 것이 소위 해탈, 열반의 삶입니다. 자유롭고 평화로운 삶을 얼마든지 내가 만들어갈 수 있게 됩니다. 자신이 소를 탄 줄 아는 사람을 '깨달은 부처'라고 하고, 소를 타고도 소를 찾는 사람을 '무지한 중생'이라고 합니다. 무지하기 때문에 모든 문제가 일어나고 고통이 생기고 어긋난 삶을 살게 되는 거죠.

그렇다면 우리는 어떻게 하면 소를 잘 찾을 수 있을까요. 내가 소를 타고 있다는 사실을 알려면 어떻게 해야 할까요. 요약하면 두 가지 방법이 있습니다. 첫 번째는 '성찰'입니다. 자기 성찰을 진지하게 하면, '아, 내가 소를 타고 있었네.' 이 사실을 어렵지 않게 알 수 있어요. 먼 데만 쳐다보지 말고 자기 자신을 직접적으로 살펴보는 겁니다. 나를 가까이 살펴보면 뭐가 보여요? 내가 타고 있는 소가 보이잖아요. 그런데 다들 가까운 곳을 보지 않고 계속 멀리만 보고 있어요. 국가를 보고 민족을 보고 종교를 봅니다. 결국, 자기성찰을 하는 것이 내가 소를 타고 있다는 사실을 알 수 있는 하나의 길입니다.

두 번째는 '대화'입니다. 옆에 있는 사람한테 물어보면 돼요. "내가 지금 소를 찾고 있는데, 혹시 소 못 봤어?"라고요. 그럼 이렇게 대답하겠죠. "바보야, 지금 네가 타고 있잖아." 즉각적으로 대답할 수 있게 질문해야 돼요. 그게 바로 진짜 대화죠. 진지하게 대화를 하고 나면 역시 내가 소를 타고 있다는 사실을 복잡하거나 어렵지 않게 알 수 있습니다.

불교에서 말하는 깨달음은 어떤 면에선 삶의 지혜를 찾는 여정과도 같습니다. 지혜로워지려면 당연히 노력을 해야 하잖아요. 불교에서는 자신의 진정한 모습을 깨닫고 그에 맞춰 삶을 살아갈 수 있도록 가르칩니다. 그 방법을 조금 단순하게 요약하면 성찰과 대화가 되는 겁니다. 성찰은 불교에서 말하는 수행이나 명상, 참선, 기도 이런 말로도 바꿀 수 있고요. 대화는 경전을 읽거나 타인과의 관계에서 배우는 모든 행위가 포함된다고 할 수 있습니다.

요즘 사람들은 대부분 두 가지 다 진지하게 고려하지 않습니다. 갈수록 성찰하는 삶에서 멀어지고 있어요. 모든 문제를 해결하려면 성찰과 대화가 꼭 필요한데도 말이죠. 불교는 말하자면 성찰과 대화의 종교라고 할 수 있습니다.

데
니
스
노
블

부작용 없는
치료약,
명상

○

　　　　　　　　정말로 우울한 기분이 들 때, 무엇을 하나요? 혼자서 고독에 잠겨 있거나 술에 취하거나, 혹은 어떤 약물로 해결할 수 있다고 생각할지 모르겠습니다. 많은 사람이 실제로 그렇게 하고 있기도 하고요.

　그런데 최근 옥스퍼드대학교에서 진행된, 주목할 만한 연구가 있습니다. 아주 깊은 우울감을 느껴 우울증 진단을 받고 일상생활에 어려움을 겪고 있는 사람들의 치료법에 관한 연구입니다. 정신과 의사는 대부분 그런 환자의 치료에 약물을 사용합니다. 하지만 이때 사용되는 거의 모든 정신과 약물은 부작용도 가지고 있습니다. 특히 장시간 복용하게 되면 그 문제가 아주 심각해지지요.

옥스퍼드대학교의 윌럼 카이큰 교수는 약물을 대체할 수 있는 치료법을 찾다가 명상에 주목했습니다. '우울증 환자에게 명상을 배우게 하면 어떨까? 과연 명상이 약물만큼 효과가 있을까?' 이와 같은 의문에서 매우 흥미로운 임상 실험이 시작됐습니다. 옥스퍼드대학교뿐 아니라 전 세계 여러 병원이 참여한 대규모 임상 실험이었습니다. 그들은 실제 처방되는 약물의 효과와 스트레스를 줄이는 명상의 효과를 다각적으로 비교했습니다. 실험 결과, 놀랍게도 명상법이 약물을 복용하는 것만큼이나 높은 효과를 낸다는 사실이 밝혀졌습니다. 장기적인 부작용은 전혀 없이 말이죠.

이처럼 명상이 스트레스를 줄이는 데 뛰어난 효과가 있다는 사실은 과학적으로 충분히 증명되고 있습니다. 명상은 특히 아주 커다란 불안, 걱정, 압박감에 시달리는 중증 우울증 환자들에게 도움이 되었습니다. 단순히 기분이 저조한 수준이 아니라 우울감 때문에 일상적인 일을 할 수 없고, 전반적인 신체 및 정신 기능에 이상이 생겨서 생업까지 포기해야 하는 분들을 말합니다. 이런 상태에 이르면 절대 방치해두면 안 되고, 반드시 전문적인 치료를 받아야 합니다. 카이큰 교수는 대체로 그런 환자들을 치료하고 있었기 때문에 명상이 약물만큼 좋은 치료법이라는 사실을 성공적으로 증명해낼 수 있었습니다.

그런데 문제는 명상에 대해 잘 모르는 대부분의 사람들에겐 명상의 효과가 그다지 피부로 와닿지 않는다는 것입니다. '도움이 되면 뭐 얼마나 되겠어'라고 생각하고 뚜렷한 효과가 있을 거라고 믿지 못합니다. 그런데 우리는 몸이 아프면 아무 의심 없이 병원에 가서 약을 처방받습니다. 그 약을 먹으면 분명히 효과가 있을 것만 같죠. 약은 눈에 보이니까요.

하지만 우리의 마음이 눈에 보이지 않듯이, 그것을 치유하는 기술 역시 눈에 보이는 것만 있는 건 아닙니다. 저는 명상이라는 기술을 조금 더 젊었을 때 배웠다면 좋았을 거라고 생각해요. 전 세계 젊은이들이 수천 년 동안 전해 내려온 이 전통적인 마음의 치유법을 잘 활용했으면 합니다. 실제로 굉장히 많은 사람들이 명상의 도움을 받았고 지금도 여러 방식으로 그 효과가 입증되고 있습니다.

아내의 긴 투병 생활을 함께하면서, 저는 중요한 것을 깨닫게 됐습니다. 오랫동안 다른 사람을 돌보려면 먼저 스스로를 돌봐야 한다는 사실입니다. 내가 보호자고 병간호를 해야 하는 사람이니까요. 아내를 돕고 나 자신을 돕기 위해, 저는 오랜 투병 기간에 필연적으로 따르는 절망감을 극복해낼 방법을 반드시 찾아야 했습니다. 그것은 저의 인생에서 가장 절실한 과제

였어요. 그리고 결국은 찾아냈습니다. 그 모든 걸 진정시키는 기술을 발견한 겁니다.

그것이 바로 불교의 명상법이었습니다. 당시의 저를 구해주었지요. 옥스퍼드대학교에 계시던 태국 스님과 매일 한두 시간씩 명상하는 것만으로 제 마음이, 삶이 크게 달라질 수 있었어요. 명상은 혼란스러운 마음을 가라앉히고 걱정과 우울을 떨치게 도와주었습니다. 특히 가슴속에서 충동적으로 일어나는 분노를 조절하고 가라앉힐 수 있게 됐습니다. 명상의 효과는 결코 신비한 게 아닙니다. 고통이 사라지는 게 아니라 더는 그 감정에 휩쓸리지 않는 마음의 상태를 만들어주는 것입니다. 아마도 고통 자체는 변하지 않았을 겁니다. 유일하게 변한 것은 고통에 대한 나의 인식이죠.

만약 명상을 만나지 못했다면, 저는 십여 년 넘게 이어진 아내의 긴 투병 기간을 정신적으로 견뎌내지 못했을 겁니다. 그래서 모두에게 진심을 다해 말할 수 있습니다. 누구든 그때의 저처럼 인생의 벼랑 끝에 매달린 듯한 혹독한 시련을 맞을 수 있으니까요. 지금 당신이 스스로 감당해내기 어려운 상황에 닥쳤다면, 혹은 당신에게 어떤 정신적인 치유가 필요하다면, 명상은 굉장히 현실적인 도움이 될 수 있습니다.

끝없이
되물어
얻는 것

●

　　　　　　　　　　　　　　참선은 어떻게 하는 걸까요.
한국 불교에서는 전통적으로 간화선이라고 합니다. 간화선이
란 말을 그대로 풀면 화두를 잘 관찰하는 수행이라고 할 수 있
습니다. 화두를 가지고 묻고 답하는 것을 선문답이라고 합니
다. 옛 선사들이 나눴다는 선문답을 보면 무슨 얘기인지 통 알
수 없는 수수께끼처럼 느껴집니다. 예를 들어 이런 식이지요.

　"인생의 진리는 무엇입니까?"

　"뜰 앞에 있는 잣나무다."

　논리적으로는 설명이 안 되잖아요. 인생의 진리를 물었는데
왜 뜰 앞의 잣나무라고 대답했는지 의문이 들죠. 그런 의문을

가지고 화두를 끊임없이 반복하고 관찰하고 의심하는 방식이 간화선, 즉 참선 수행입니다.

참선 수행은 문제를 풀고 탐구하는 과정입니다. 다만 수학처럼 공식이나 이론을 통해 푸는 것이 아니고, '이게 왜 그런 걸까, 왜 그런 걸까, 이게 뭘까, 이게 뭘까, 뭘까…' 하면서 똑같은 물음을 끊임없이 반추해가는 방식입니다. 그러면 그 과정에서 집중과 각성의 힘이 생겨요. 집중과 각성의 힘이 생기면 어떻게 될까요? 가짜에 휘둘리지 않아요. 지금 여기 존재하는 실상을 보게 되죠. 집중과 각성의 힘이 없으면, 계속 가짜에 휘둘려 존재하지 않는 망상을 쫓아다니게 됩니다. 한 가지 화두를 더 던져볼까요?

병 속에 새 한 마리가 있다. 새는 병 안에서 스무 몇 해를 자랐다. 이제 그만 병에서 꺼내어 푸른 하늘을 훨훨 날아가게 하고 싶지만 새는 꼼짝도 하지 않는다. 새를 다치게 하지도 않고 병을 깨트리지도 않으면서 병에서 꺼낼 수 있을까?

병도 깨지 않고 새도 다치지 않게 어떻게 꺼내지? 어떻게 꺼내지? 어떻게 꺼내지? 이런 물음을 반복하며 해답을 구합니다. 여러 가지 해답이 있을 수 있어요. 심지어 질문 자체를 엎을 수

도 있습니다. '야, 너 지금 꿈꾸고 있어. 이거 다 꿈속 얘기일 뿐
이야' 이런 것도 답이 될 수 있어요. 중요한 건 단 하나, 스스로
'이 문제를 어떻게 풀지?' 하며 아주 집중하고 또 집중해 자신
만의 해답을 터득하는 것이지요.

몸을
정화하는
호흡법

○

대부분의 사람이 처한 삶의
문제들은 매우 복잡하게 얽혀 있습니다. 지금 당장 해야 할 일
들이 잔뜩 있고, 머릿속에는 번잡한 고민들이 두텁게 쌓여 있
죠. 집이라고 해서 다 편한 게 아니라, 가족을 봐도 괜히 속이
답답하고 부글부글 끓어오르기도 해요. 속으로는 원수 같은데,
또 밥은 해주어야 하고요. 현재를 과거와 비교하고, 나와 타인
을 비교하며 힘들어하기도 합니다. 나의 눈과 귀와 손은 각각
다른 곳을 향해 쉴 틈 없이 움직이죠.

그런 분들은 잠시 마음의 고요를 찾을 필요가 있습니다. 일

상을 떠나 낯선 곳에 머무는 거죠. 깊고 맑은 산사에서 템플스테이를 하면 좋겠지만, 여의치 않다면 흙을 밟을 수 있는 숲길을 찾아서 걷는 일부터 시작하는 것도 좋습니다. 그런 과정을 통해 자기 몸속에 있는 독소를 배출하고, 마음에 돌처럼 얹혀 있던 부분을 풀어야 합니다.

숲길을 걸을 때는 장호흡을 하며 걷습니다. 코로 숨을 아랫배 깊숙이 들이마셨다가, 내쉴 때는 입으로 천천히 내쉽니다. 들이마시는 호흡보다 내쉬는 호흡을 두 배로 길게 하는 것을 장호흡이라고 합니다. 호흡법에는 여러 가지가 있는데, 장호흡은 나를 정화시켜 주는 호흡이에요. 오랜 시간 할 필요는 없습니다. 번뇌와 망상이 있을 때, 거친 감정이 막 생겨날 때, 천천히 걷거나 잠시 멈춰 서서 살짝 아래쪽을 내려다본 채로 호흡합니다. 들이마실 때는 아주 맑은 공기와 청량한 기운을 몸속 깊숙이 빨아들이고, 내쉴 때는 몸속의 탁한 기운들, 내 몸을 망가뜨리는 음식물이나 내 마음을 더럽히는 화나 스트레스, 불만 같은 불순물을 내뱉는 겁니다. 몸속에 쌓아둔 악취와 감정의 찌꺼기들을 밖으로 완전히 배출해야 합니다.

미황사에서는 참선 프로그램을 할 때 장호흡을 하면서 달마고도 숲길을 오전에 두 시간, 오후에 두 시간씩 걷는 시간을 가집니다. 그렇게 걷고 나면 막혔던 호흡이 뻥 뚫립니다. 호흡이

자유로워지니까 허리에 힘도 생기고 집중력도 높아지고 정신
또한 맑아집니다. 그래서 처음 좌선을 시작할 때는 먼저 걷기
수행을 하면 좋습니다.

참선
첫 번째,
무념무상의
경지

○

참선 수행은 걷거나 서 있거나 앉아 있거나 누워 있거나 말하거나 침묵하거나 언제 어디서든 할 수 있습니다. 능력을 기르면 깨어 있는 모든 순간 행하는 것도 가능합니다. 그러나 처음 참선하는 방법을 익힐 때는 앉아서 하는 것을 기본자세로 하며, 이를 좌선이라고 합니다.

좌선. 번뇌와 망상이 없는 평화로운 마음의 상태로 앉는 것.
'좌'는 앉아 있다는 뜻이죠. 여기서 앉아 있다는 건, 몸의 자세만을 말하는 것이 아닙니다. 어지러운 마음을 내려놓고 쉬는 것을 진짜 앉아 있다고 말해요. 눈으로 분별하는 마음, 귀로 분별하는 마음을 쉬고, 코로 분별하는 마음, 입으로 분별하는 마음, 촉감으로 분별하는 마음도 쉬고, 과거에 대한 집착도 쉬고 미래에 대한 추측과 상상도 쉬는 것. 그게 바로 진짜로 앉아 있는 것이죠.

또한 '선'이라고 하는 것은 어떤 생각이 일어나기 이전의, 번뇌와 망상이 일어나기 이전의 어디에도 걸림이 없는 고요하고 평화롭고 자유로운 마음을 일으키는 것을 말합니다.

무념(無念), 무상(無相), 무주(無住).

달마대사의 여섯 번째 제자인 육조 혜능대사가 한 말이에요. 선이라는 마음의 상태를 혜능대사는 무념, 무상, 무주라는 말로 표현했습니다. 번뇌와 망상이 없는 것을 무념, 어떤 고정된 생각이 없는 것을 무상, 어느 한곳에 머무르지 않는 마음을 무주라고 해요. 그 내용을 간단하게 살펴보겠습니다.

먼저 마음속에 헛된 생각이 없는 것을 무념이라고 합니다. 아무 생각도 나지 않는 멍한 상태가 아닙니다. 생각을 할 때, 온갖 집착을 내려놓고, 자기 고집이나 욕심을 일으키지 않는 상태를 말합니다.

다음으로 무상은 고정된 상이 없다는 뜻입니다. 쉽게 말해서 우리가 무언가를 보거나 누군가를 생각할 때, 자연스럽게 함께 떠올리는 상들이 있습니다. 할머니란 단어를 들으면, 자동으로 시골의 전원 풍경이나 할머니가 지어주신 솥밥 냄새가 떠오르며 포근함을 느끼는 것처럼 말이죠. 과거의 경험과 지식과 정보에 의해서 대상과 연관된 관념, 편견들이 생겨나는 거죠. 그런 관념들은 모두 내가 만들어서 그 대상에 대입시켜 바라보는 것입니다. 그런 상이 생기기 이전의 마음을 생생한 마음, 살아 있는 마음이라고 할 수 있습니다. 이렇게 스스로 지어낸 고정된 생각이 없는 것을 무상이라고 합니다.

마지막으로 무주는 무엇일까요. 예를 들어 내가 누군가에게 도움을 줬다고 합시다. 한번 내가 큰 도움을 줬다는 생각을 가지게 되면, 그다음부터는 그 생각에 계속 얽매이고 끌려가게 됩니다. 도움을 줬던 사람의 반응이 미지근하면 서운해하기도 하고, 도와준 일 때문에 내 상황이 어려워지면 그걸 후회하기도 하고 화가 나기도 하는 등 여러 감정에 휩싸이는 거죠. 이렇게 어느 한곳에 얽매여 머무르거나 흔들리지 않는 마음의 상태가 바로 무주입니다.

그러니까 무념, 무상, 무주한 마음이야말로 어디에도 물들지 않은 우리 본연의 마음, 원래 있었던 마음이라는 뜻입니다. 그러한 본연의 마음을 일으켜서 진짜로 쉬면서 앉아 있는 것이 바로 좌선이라고 할 수 있습니다.

참선
두 번째,
좌선 매뉴얼

●

　　　　　　　　　　　　　마음을 고요하게 만들기 위
해서는 몸의 자세가 아주 중요합니다. 그릇이 안정되고 깨끗하
게 준비되어야만 내용물을 잘 담을 수 있잖아요. 그래서 아주
옛날부터 지금까지, 마음 수행을 하는 사람들은 대부분 좌상
자세를 취했습니다. 이 방법이 가장 과학적이고 조화로운 방법
이죠.

　대표적인 좌상 자세로는 많은 사람이 알고 있는 결가부좌가
있습니다. 오른쪽 다리를 왼쪽 허벅지 위에 올리고, 왼쪽 다리
를 오른쪽 허벅지 위에 올리는 자세를 결가부좌라고 해요. 인

간이 할 수 있는 가장 안정된 자세죠. 하지만 사람마다 체형이 다르니까 각자의 몸에 맞춰야지 꼭 지켜야 하는 공식이 있는 것은 아니에요. 허리를 세우고 방석으로 엉덩이 아래를 받쳐주면, 다리가 좀 더 편안해집니다. 각자 편한 방식대로 방석을 놓고 조정해서 앉으시면 됩니다.

바른 자세를 잡는 데 특별히 신경 써야 할 부분은 다섯 번째 척추를 펴는 것입니다. 보통 척량골을 펴라고 말을 하는데요. 우리 몸에 있는 척추 서른세 마디를 척량골이라고 합니다. 특히 꼬리뼈에서 위쪽으로 다섯 번째 척추를 펴야 합니다. 수행할 때 그 부분이 곧게 펴져 있어야 상체와 하체의 기가 잘 통합니다. 몸의 순환이 원활하게 되고 호흡도 아주 깊어지고 머리가 맑아집니다. 이 다섯 번째 척추가 굽어지면 기의 흐름이 꽉 막혀서 몸이 답답해지고 호흡도 짧아져요. 머리에 잡생각도 굉장히 많아지죠. 그래서 저는 좌선할 때 다섯 번째 척추를 펴는 것을 제일 중요하게 여깁니다.

척량골을 폈으면 고개는 반듯하게 들고 턱을 자기 앞으로 살짝 잡아당깁니다. 눈은 편안하게 떠서 1미터 앞을 향하게 합니다. 앞에 있는 사물을 의식하며 또렷이 보는 게 아니라, 그냥 시선만 거기에 두는 거죠. 눈을 감으면 졸음이나 혼침에 빠지기 쉬우니까요. 혀는 입천장에 살짝 올려붙이고, 오른손을 펴서 그 위에 왼손을 얹고, 엄지손가락을 맞대어 자기 배꼽 아래 에다가 붙입니다. 나 자신과 주변을 고요하게 하는 손의 모양 입니다. 좌선을 처음 시작할 때 몸의 자세를 바로 해두면 나중 에 오랫동안 좌선을 하는 데 아주 좋습니다.

안정된 자세를 만들었다면 이제 호흡을 해야 합니다. 호흡 은 코로 숨을 들이마셔서 아랫배까지 깊게 빨아들이고 다시 천 천히 코로 내쉬는데요. 숨을 들이마실 때, 어깨와 가슴과 갈빗 살이 위로 살짝 올라가고, 아랫배는 앞으로 살짝 내밉니다. 처 음 시작하는 사람은 호흡을 할 때마다 약간의 움직임이 있는 것이 좋습니다. 너무 억지로는 하지 마시고요. 아무래도 호흡 이 짧으면 어떤 일을 하더라도 쉽게 짜증이나 싫증이 나서 금 방 그만두게 됩니다. 호흡을 길게 하면 무엇이든 끝까지 마치 게 되는 힘이 생깁니다.

이제 가장 중요한 마지막 단계입니다. 좌선을 할 때는 의식 이 아주 중요해요. 이 의식은 호흡에 맞추는 게 좋습니다. 호흡 을 따라서 의식이 함께 가는 거죠. 숨을 들이마시면 의식이 저 아랫배까지 내려갔다가, 다시 내쉴 때는 의식이 숨을 따라서 나와 코끝 10센티미터 밖까지 갑니다. 그렇게 호흡을 따라서 의식이 몸속으로 들어왔다가 밖으로 내쉬어지기를 반복하다

보면, 마음이 금방 고요히 가라앉게 되죠.

그러다가 다른 잡생각이 일어나면, 내쉬는 호흡에 놔버리고 다시 아주 밝은 상태의 자기로 돌아온다는 생각을 가집니다. 그런 뒤 다시 새 호흡을 들이마시면서 그 호흡에 의식을 얹습니다. 참선을 처음 시작하는 분들의 기초 단계에서는 이렇게 호흡을 따라서 의식이 가는 훈련을 먼저 하게 됩니다.

자, 한번 같이 해볼까요.

하나, 다섯 번째 척추를 세우고 편안한 자세로 앉아서
둘, 고개를 들어 턱을 당기고 시선을 앞에 둡니다.
셋, 코로 길게 숨을 들이마셨다가 아주 천천히 내쉽니다.
넷, 장호흡을 반복하면서 마음을 고요하게 합니다.
다섯, 호흡에 의식을 붙입니다.
여섯, 잡생각이 생기면 내쉬는 호흡에 놔버리고
일곱, 들이마시는 새 호흡에 다시 의식을 따르게 합니다.

참선
세 번째,
나의 화두 찾기

●

　　　　　　　　　좌선을 할 때, 의식은 호흡
을 따라서 갑니다. 그런데 동시에 그걸 바라보고 있는 의식이
또 있습니다. '내가 지금 잘하고 있나?' 하면서 호흡을 따라 가
는 의식을 바라보고 있는 의식이지요. 바로 그것, 의식을 바라
보고 있는 그것이 뭘까요?

　이것을 우리는 '나'라고 지칭합니다. 무언가를 골똘히 생각
하면, 분명히 '나'가 있는 것도 같아요. 그런데 '나'를 바라보는
그건 또 대체 뭐냐는 말이죠. 그것을 화두로 의심을 갖고 궁금
해하며 답을 찾으면 됩니다.

　"이 뭣고?"

경상도 말인데요. '무엇인고?'라는 말을 반복하다 보면, 이런 표현을 사용하게 됩니다.

이것은 무엇인고.
지금 호흡을 하는 이것은 무엇인고.
지금 호흡을 하는 나를 바라보고 있는 이것은 무엇인고.
어떤 생각을 할 때, 그 생각을 만들어낸 이것은 무엇인고.
어떤 이미지를 떠올릴 때, 그 이미지를 만들어낸 이것은 무엇인고.

그저 궁금해하고 알고 싶어 하는 마음만 가득하면 돼요. 매번 처음 보는 이에게 첫 질문을 하는 것처럼, 정직하고 진실되게, 스스로를 향해 질문을 던져야 합니다. 자기 존재의 본질에 대한 궁금증, 알고자 하는 열망이 가슴속에 가득 차서 흘러넘치게 하는 것입니다.

이렇게 하나의 화두를 놓고 끝없이 되풀이해 묻는 것이 바로 참선 수행의 기본입니다. 화두는 반드시 그 질문의 답을 찾는 것이 목적이 아닙니다. 그저 계속 반복해서 되뇌면서, 평화로운 본연의 마음 상태로 이끄는 것이 목적이라고 볼 수 있습니다.

육조 혜능대사와 그의 명석한 제자에 관한 이야기가 있습니다. 어떤 제자가 저 멀리 숭산의 소림사에서 혜능대사를 찾아왔어요. 제자가 인사를 올리자 혜능대사가 묻습니다.

"그대는 어디서 오는고?"

"숭산에서 왔습니다."

"어떤 물건이 이렇게 왔는고?"

순간 제자의 말문이 콱 막혔어요. 어떤 물건이 왔는데, 이건 도대체 무엇이지? 나라고 하는 이건 도대체 무엇이지? 한번 의심이 들자 그대로 말문이 막혀서 진짜로 알고 싶은 마음이 생긴 거죠. 제자는 그 자리에서 차마 답을 못하고, 돌아가서부터 무려 6년간 오로지 그 생각만 하게 됩니다. 잠을 자도 그 생각, 밥을 먹어도 그 생각, 걸어 다녀도 그 생각, 오로지 그 답을 알고자 하는 생각뿐입니다. 그렇게 6년을 보내고 나서야 깨달음을 얻을 수 있었다고 합니다.

혜능대사의 제자처럼 자나 깨나 참선을 하면 세 가지 효과가 있어요.

첫째, 그 질문은 사실 자기 자신에 대한 궁금증이기도 하잖아요. 나 자신에 대한 궁금증이 강해질수록, 좋고 나쁨을 분별하는 마음, 욕심내는 마음, 주변에 끌려가는 마음, 또한 내가 옳다고 하는 마음까지도 함께 무너집니다. 이것을 불교에서는 '마음 챙김'이라고 하는데요. 내 마음이 다른 데 끌려가지 않도록 나 자신에게 붙여두어 챙긴다는 것입니다.

둘째, 집중력이 생기며 마음이 고요하고 맑아집니다. 알고 싶어 하는 마음이 지속되는 것을 삼매(三昧)라고 해요. 잡념을 떠나서 오직 하나의 대상에만 집중하게 되면서 굉장히 강한 집중력이 생기는 거죠. 그 강한 집중력을 통해 상황을 바라보는 인식의 폭이 깊어지며, 자연스레 고요하고 맑은 마음의 상태를 지속할 수 있습니다.

셋째, 무아를 인식하게 됩니다. 참선을 통해 나에 대한 의심과 각성을 반복하다 보면 결국은 나라는 의식을 끊고, 앞서 이야기한 무념, 무상, 무주한 마음의 상태로 들어갈 수 있지요.

참선
네 번째,
강력한
무기를 만들다

○

삶의 모든 순간에 고요한
마음을 유지할 수 있다면 정말 좋겠죠. 그런데 우리는 평상시
에 마음의 평온을 유지하기 어렵습니다. 어떤 걸 보면 좋아하
고 싫어하는 마음이 자연스레 일어납니다. 좋고 싫음을 분별하
니까, 당연히 좋아하는 것을 바라는 욕심이 일어나게 되죠. '주
름이 하나 늘었네, 머리카락이 더 하얘졌네' 하면서 쉴 새 없이
마음이 오락가락 흔들리게 됩니다. 누군가의 말 한마디에, 표
정 하나에, 심지어 오늘의 날씨에 따라서, 하루에도 몇 번씩 마
음이 출렁거리죠.

또한 내가 쌓은 경험이나 지식에 휘둘려, 내가 알고 있는 것

이 옳다고 고집을 부리는 경우도 있습니다. 이런 모든 것들이 현재 의식을 방해합니다. 사실 우리 모두가 가지고 있는, 고요하고 평화로운 마음을 잊어버리게 되는 거죠.

예를 들어, 똑같은 말을 들어도 어떤 사람은 그냥 허허 웃고 넘어가지만, 어떤 사람은 굉장히 화를 내거나 며칠씩 끙끙 앓으며 고민합니다. 자기 자신에 대한 집착 때문에 그렇습니다. 그 집착의 크기에 따라서 감정의 크기도 다르게 일어나죠. 그런 감정에 휘둘리거나 쉽게 끌려가지 않는 단단한 마음을 '금강'이라고 합니다. 그런 마음을 키우면 크게 화낼 일도 없고 오래 고민할 필요도 없어져요.

저는 미황사가 있는 달마산을 아주 좋아합니다. 그런데 비가 오거나 안개나 구름이 끼어서 산이 잘 보이지 않는 날이 종종 있어요. 공교롭게도 그런 날에 먼 곳에서 미황사를 찾아오는 사람들이 있으면, 저는 그분들에게 굉장히 미안해요. 내가 좋아하는 풍경을 보여주지 못해 안타까운 마음이 들죠. 저 멋진 산은 못 보고 안개만 보고 가는 거잖아요. 달마산을 어떻게 보여줄 수 있을까 고민하다 산이 찍힌 사진이나 엽서를 보여줘 봤어요. 하지만 제가 산에서 받은 그 감동을 전할 수는 없었죠. 어떻게 해도 그 사람에게는 설명할 길이 없는 거예요.

하지만 잘 생각해보면 안개에 가려진다 해도 거기에 달마산이 없는 건 아니죠. 그저 잠시 가려져 잘 보이지 않을 뿐이니까요. 안개와 구름만 걷히면 청산이 그대로 드러납니다. 그래서 선사들은 이런 시를 남겼어요.

옳거니 그르거니 도무지 상관없고
산도 물도 그대로 한가롭네
서방 극락세계 어디냐고 묻지 말게
흰 구름 걷히면 그곳이 청산이라네

임제 선사의 선시입니다. 우리는 주로 저 구름을 어떻게 걷어낼 것인가에만 초점을 두고 생각합니다. 그런데 참선은 구름에 별로 관심이 없어요. 구름 저편에 있는 청산에 관심이 있죠. 깨달음을 이룬 분들은 청산, 그러니까 우리의 본래 마음에 늘 초점을 둡니다. 욕심을 부리거나 화를 내거나 고집부리는 일에 관심을 두지 않습니다.

하늘에 구름이 끼어 있으면, 우리는 그 구름에 영향을 받게 됩니다. 먹구름이 끼어 있으면 어둡고, 비구름이 있으면 비를 맞고, 눈구름이 있으면 눈을 맞죠.

그런데 참선은 마음의 강력한 무기를 만들어서, 어떤 구름이 있어도 그걸 뚫고 올라가 구름 저편에 있는 태양을 보게 해줍니다. '허망하기 그지없는 구름에 내가 집착하고 살았구나'

라는 진실을 알게 되면, 저절로 눈앞의 구름이 없어집니다. 이처럼 참선이란 화두를 통해 강력한 무기를 만드는 일입니다. 우리의 의식이 욕심이나 감정이나 생각에 흔들리지 않게끔 말이지요.

참선을 하면 우리의 삶이 어떻게 달라질까요? 참선은 일종의 삶의 방식입니다. 이곳 미황사까지 찾아오는 외국인 중에는 종교적 관심에서가 아니라 오직 참선을 배우려고 오시는 분이 많습니다. 전 세계적으로도 불교 신자는 아니지만, 참선을 하는 도시 수행자들이 무척 많아지고 있습니다. 어떤 종교를 갖고 있든 관계없이 누구나 배우고 익힐 수 있습니다.

참선은 삶을 다르게 인식하는 방법입니다. 과거의 기억과 미래의 환영에서 벗어나고, 헛된 망상들이 걷히면서, 자연스럽게 현재로 초점이 맞춰지는 거지요. 그러면 현재 나의 주변 상황과 내적 변화를 있는 그대로 명확히 인식하게 됩니다. 지금 이 순간에만 집중하여, 현재를 온전히 살 수 있게 해줍니다. 비로소 내가 지금 이 순간에 존재하게 됩니다. 생생하게 깨어난 의식을 통해 매일매일의 삶이 새롭게 인식됩니다. 이전과는 전혀 다른 새로운 삶을 얻게 되는 거지요.

욕망을
태우는
장작불

○

천진암 부엌에는 가마솥을 걸어놓고 불을 지피는 옛날 아궁이가 그대로 남아 있습니다. 가마솥에 군불을 때서 음식을 할 때마다, 저는 그 장작불에서 나 자신을 보고 있지요.

아궁이 안에 장작을 넣고 불을 지피면 불씨가 일어납니다. 처음 붙은 그 불씨를 초심이라고 생각해요. 초발심이죠. 처음 불이 붙었을 때는 막 출가를 한 상태와 같고, 불이 번져서 이글 이글 타오르는 것이 수행하는 모습이라고 생각합니다. 나의 몸과 마음에 일어나는 고통, 여러 가지 인연의 고통을 용광로에 넣고 풀무질을 해서 태우는 거예요. 용광로 안에 나를 온전히 밀어 넣는 거죠.

그러다가 장작불이 어느 정도 타고 나면 그 형상이 허물어지면서 불씨도 사그라집니다. 모든 것을 태우고 불씨가 사그라질 때는 마음이 굉장히 편안하고 안도감이 들어요. 내 안의 어떤 부분이 불씨와 함께 쓱 사라진 듯 고요와 평안을 느낍니다.

중요한 건 그 불씨가 다시 일어날 수 있는 여지를 주지 않아야 합니다. 다 꺼진 듯했던 산불도 작은 불씨로 인해 언제든 큰 불로 번질 수 있듯이, 다시 욕망이 일어나면 고통을 느끼게 되니까요. 삶의 고통, 사랑하는 마음의 고통, 미워하는 마음의 고통, 가지고 싶어 하는 탐욕의 고통… 이런 모든 고통을 애써 내려놨는데, 또다시 일어나면 모든 게 헛수고가 되잖아요. 완전한 소진, 다시는 불씨가 일어나지 않는 완전한 소진까지 가야만 저는 깨달음을 이뤘다, 해탈과 열반의 세계로 갈 수 있다고 생각합니다.

가마솥에 장작불을 땔 때마다, 그런 완전한 소진에 대한 바람을 마음속으로 절절히 느끼고 있어요. 지금도 나의 욕망이 장작에 실려 활활 타고 있습니다. 서서히 소진해 갈 거예요. 그렇게 해볼 겁니다. 매일 가마솥에 불을 때듯, 매일 깨달음의 길로 가볼 거예요.

천 개의 강에
천 개의 달이 뜬다

●

저 하늘에 달이 뜨면요. 하나의 달만 떠도 강이 천 개가 있다면 모든 강물 위에 천 개의 달이 뜨는 것과 같습니다. 그런 달그림자처럼 관세음보살의 자비심 역시 천 개의 손과 천 개의 눈으로 세상 사람들을 살피는 것이지요.

어떤 사찰에 가보면 천 개의 손과 천 개의 눈을 가진 관세음보살의 그림이 있어요. 그건 아주 직접적인 표현이고, 관세음보살의 머리 위로 하늘에 달이 떠 있는 그림도 있습니다. 그게 바로 '천강유수천강월', 천 개의 강에 천 개의 달이 뜬다는 경구입니다. 굉장히 선적인 표현이죠. 그런데 그런 경지는 관세

음보살만 할 수 있는 게 아닙니다. 저나 여러분도 얼마든지 할
수 있지요.

물론 제가 이 한 몸만으로 세상 사람들을 다 행복하게 해줄
수는 없어요. 하지만 미황사에 찾아온 사람들만이라도 뭔가 도
움을 주고 행복하게 하면, 그 사람들이 밖에 나가서 가족이나
친구, 회사 동료들에게 그 마음을 전할 수 있는 거지요.

또 미황사에 계시는 열댓 명의 사람들이 손을 보태면 더 많
은 사람을 행복하게 해줄 수 있고, 그 사람들이 또 밖에 나가서
자기 주변 사람들을 행복하게 해주고… 그렇게 퍼져나가다 보
면, 마침내 온 세상을 다 행복하게 만들 수 있을 것입니다. 마
치 천 개의 손과 눈을 가진 관세음보살처럼 말입니다.

결국 한 사람의 마음이 중요합니다. 그 사람과 연관된 수많
은 사람들에게, 그 마음이 끊임없이 이어질 테니까요.

4부

어떻게 살아야 하는가?

우리 마음속에는 저마다 쌓아올린 담벼락이 있다. 진실한 깨달음은 그 담벼락을 허물고 우리로 하여금 세상 밖으로 나아가게 한다. 데니스 노블 교수는 '담을 넘어온 붓다'라는 표현을 특히 좋아했다. 인류가 쌓아올린 귀한 지식과 지혜가 한곳에 갇히지 않고 나아가 세상의 모든 담벼락을 허물기를, 그리하여 개개인의 삶을 바꿀 수 있기를 바랐다. 지금부턴 우리 일상에 바로 적용할 수 있는 삶의 지혜를 다룬다.

음식이 갖는 의미는 특별하다. 음식은 삶을 영위하는 수단을 넘어 자신을 대변하는 정체성이자 고유한 정신이 깃든 문화 자체라고 할 수 있다. 우리는 백양사의 작은 암자에서 불교의 전통적인 식문화를 전수하는 사찰음식의 대가, 정관 스님을 만났다. 정관 스님의 음식은 이미 전 세계적인 주목을 받고 있다. 스님의 가르침을 받고자 세계 최고의 셰프들이 대기표를 받고 차례를 기다린다. 노블 교수는 정관 스님과 텃밭의 채소를 채집하는 일부터 사찰음식을 요리하고 엄격한 예법을 지키는 일까지, 발우공양의 전 과정을 함께 했다. 사찰음식에 담긴 철학과 선인들의 지혜는, 인간과 자연의 관계를 재정립하는 경험과 음식을 바라보는 새로운 관점을 선사한다.

초봄에 시작된 노블 교수의 한국 사찰 여행은 여름 단풍이 만개한 백양사 천진암에서 막바지에 이르렀다. 출국을 앞둔 노블 교수에게 나는 영국으로 돌아가면 가장 하고 싶은 일이 무엇인지 물었다. 그는 대뜸 아침 토스트를 먹고 싶다고 답했다. 매일 아침 커피를 곁들인 토스트 한 조각으로 하루를 시작하는 것이 오래된 그의 습관이다. 당연한 일상을 다시 이어가는 동시에, 이번 여행으로 달라졌을 자신의 모습을 그 속에서 발견할 일이 무엇보다 기대된다는 뜻이었다.

우리는 늘 일상이 아닌 다른 어딘가로 떠나 지혜를 구한다. 이 책을 펼친 것도 그러한 여정의 하나일 것이다. 그렇다면 방황이 끝나고 돌아갈 곳은 어디일까. 어쩌면 모든 여정은 끝나지 않고, 우리가 아침 토스트를 먹는 그 순간으로 이어져 계속될 것이다. 어떻게 살아야 하는가, 라는 질문이 거창하게 보일지 몰라도 실은 오늘 하루를 살아가는 방법에 대한 문제다. 특히 아무도 보지 않는 자기만의 시간을 어떻게 보내는가는 그 사람이 누구인지를 여실히 보여준다. 진정한 삶의 변화는 저 멀리 특별한 장소에서가 아니라, 바로 지금 내가 발 딛고 선 자리에서부터 시작될 것이다.

주인으로
살 것인가,
노예로
살 것인가

○

자, 지금 손뼉을 친다고 합
시다. 손뼉 소리는 두 손바닥이 세게 맞닿는 조건이 갖춰지면
즉각 소리가 납니다. 지금 일어나는 모든 일은 과거의 원인에
따른 결과입니다. 내 삶도 그와 마찬가지로 내가 어떤 조건을
만들었느냐에 따라서 좌우되는 것입니다.

하지만 우리는 이런 사실을 잊게 만드는 허무맹랑한 말들에
끊임없이 휘둘리며 살아왔습니다. "우리의 운명은 신에 의해
정해진다", "사람은 정해진 사주팔자를 따라 살게 된다", "전생
의 죄업에 따라서 인간의 운명이 좌우된다"라는 식의 가짜뉴

스는 동서고금을 막론하고 항상 존재해왔습니다. 부처님이 살아계실 때에도 마찬가지였어요. 위와 같은 말들이 진리처럼 여겨졌고 사람들은 모두 그 말의 노예가 되어서 살았습니다.

2600년 전 인도의 브라만교에서는 우주의 궁극적인 실재인 브라흐만과 개인의 진정한 자아인 아트만이 하나라는 범아일여(梵我一如) 사상이 지배적이었습니다. '세상을 창조한 건 신이다. 인간을 창조한 것도 신이다. 따라서 인간을 구원하는 주체도 신이다.' 바로 이것이 당시 인도를 지배하는 진리이자 신념이었어요. 그런데 부처님이 나타나서 사실은 그렇지 않다고 말했던 겁니다.

인간이란 자신의 삶을 창조하는 창조주다.
바로 지금 사고하고 말하고 행동하는 대로 삶은 창조된다.
거짓말을 한다. 그러면 거짓말하는 인생이 된다.
욕설을 한다. 그러면 욕설하는 인생이 된다.

붓다의 가르침은 다음과 같습니다. 다른 사람의 말에 휘둘려 노예로 살지 말고 자신의 인생을 창조하는 주인으로 사는 것이 옳은 길이다. 너의 삶은 네가 마음먹고 행하는 대로 만들어지는 것이다. 그러니까 네 마음대로 해라. 이보다 더 좋은 게 어디 있습니까? 신한테 묻지 않아도 괜찮고 사주팔자 안 따져도 괜찮고 전생에 죄가 있나 없나 하고 시시비비 안 따져도 괜찮고. 놀랍지 않습니까? 신의 종으로, 운명의 종으로 살지 않아도 되는 거죠.

즉, 본인이 어떻게 하느냐에 따라서 오늘 웃을 수도, 울 수도 있는 겁니다. 삶은 내가 마음먹고 행동하는 대로 살아지고, 창조될 뿐입니다. 이같은 관점으로, 부처님의 깨달음과 생애를 가장 압축적으로 표현한 말이 있습니다.

> 천상천하 유아독존(天上天下 唯我獨尊)
> 하늘 위와 하늘 아래 나 우뚝 존귀하다.

> 삼계개고 아당안지(三界皆苦 我當安之)
> 온 세상 사람들이 고통에 시달리고 있으니
> 그들을 평안하게 하는 데 마땅히 나의 온 삶을 바치겠다.

'천상천하 유아독존'을 흔히 자신밖에 모르는 독선적인 태도를 비유할 때 쓰는데, 이 말의 진짜 의미는 그런 태도와는 완전히 정반대라고 볼 수 있습니다.

하늘 위와 아래 우뚝 존귀한 '나'는 붓다 자신을 뜻하는 것이 아니고 모든 개개인을 지칭하는 보통명사라고 볼 수 있습니다. 너의 구원의 주체, 너의 삶을 창조해가는 주체는 보이지 않는 신이 아니라 너 자신이라고 얘기한 겁니다. 인간은 스스로를 구원하고 창조하는 대단히 거룩한 존재라는 선언인 것이죠.

내가 내 삶의 주인으로 살 것인가, 아니면 누군가의 종으로 살 것인가. 나는 노예로 살 수밖에 없다고 생각하며 산다면 아무리 맛있는 밥을 차려 먹어도 노예로서 밥을 먹는 게 정말 좋을까요? 맛이야 조금 있겠지만 진정한 자유와 평화를 누릴 수 있을까요? 불가능하겠죠. 아무리 심오한 깨달음을 얻거나 신비한 경지에 도달하거나 신적인 능력을 가졌다 하더라도 노예는 노예일 뿐입니다.

반대로 주인으로 산다면 상황이 달라집니다. 본인이 제 발로 원해서 찾아가면 감옥도 감옥일 수가 없어요. 그 예가 되는 분이 한 분 있습니다. 바로 원효대사입니다. 그는 자기 인생의 진정한 주인으로 살았던 사람입니다. 옥살이를 할 일이 생겼을 때도 끌려가지 않고 당당하게 걸어 들어갔습니다. '그래, 가야 할 운명이라면 내 기꺼이 가겠다' 하고 흔쾌히 들어갔어요. 그런 사람의 눈빛은 단단하고 몸짓은 여유로워요. 누구든 삶의 주인으로서 당당하고 자유롭게 내 삶을 창조해갈 수 있다는 걸 기억했으면 합니다.

내
마음대로
사는
자유

○

　　　　　　　　　　누가 저에게 어떻게 살고 싶
냐고 묻는다면, 명확한 답이 있습니다. 내 마음대로 살고 싶어
요. 다른 말로 하면 진정한 자유인이 되고 싶습니다. 앞서 '주
인으로 살 것인가, 노예로 살 것인가'의 관점에서 설명했는데,
주인으로 산다는 것은 내 마음대로 사는 거잖아요. 다만 내 마
음대로 살되 누군가한테 피해를 주는 게 아니라, 나에게도 좋
고 너에게도 좋고 우리 모두에게 좋도록 살아야 한다는 거죠.
그게 진짜 주인인 거예요. 나는 내 인생의 주인이기도 하지만
동시에 내가 살고 있는 세상의 주인이기도 하기 때문입니다.

　　내가 세상의 주인이라면, 다른 누군가에게 손해를 끼치거나

자연을 해치는 일은 곧 나에게도 해로운 일이 됩니다. 주인다운 행동이 아닌 거죠. 이치에도 안 맞는 거예요. 나한테도 좋고 상대한테도 좋고 우리 모두에게 좋은 일이 이치에도 맞고 바람직한 일입니다.

내가 세상의 주인이라면, 이 세상에 내 일이 아닌 것은 없습니다. 길을 걷다가 돌을 보고 '아, 누군가 다칠 수 있으니 저 돌을 치우면 좋겠다'라는 생각이 들면 기꺼이 그 돌을 치우게 되죠. 우리 모두에게 이로운 일을 기꺼이 하게 됩니다. 이 세상을 위해 자신이 가진 열정과 역량을 바치며 살게 되는 거죠. 그런 사람을 바로 무해인, 즉 무엇에도 걸림이 없는 진정한 자유인이라고 말할 수 있습니다. 세상의 주인으로 살아야 진정한 자유인이 됩니다.

자기
발걸음으로
살라

○

달마산은 천년의 세월을 품
은 태고의 숲입니다. 기묘한 암벽이 다도해를 향해 길게 뻗어
내려가는 모습이 장관입니다. 1200년 전, 멀리 인도에서 온 한
척의 배가 땅끝 바닷가에 닿았고, 이 산길을 통해 부처님상과
경전을 모시고 올라와 한반도에 처음 알려지게 되었다는 신비
로운 전설이 전해지고 있습니다. 해마다 수많은 수행자가 성지
순례를 위해 이곳을 찾아와 달마고도를 걸으며 명상을 합니다.

미황사 뒤편으로 산길을 따라 조금 올라가면 부도암이 나오
는데, 부도암 주지 스님께서는 한때 누구보다 달마산 산책을

즐겨 하셨던 분입니다. 하지만 연로하신 탓에 거동이 불편해지면서 더 이상 산을 오르기 어려워지자 말씀하셨어요.

"달마산에 꼭 올라야 하나? 저기 석양빛에 물들어가는 바위 능선 좀 보게. 달마산은 바라보는 산이야."

꼭 남들이 하는 걸 그대로 따라 해야 직성이 풀린다고 생각하지 않고 나를 중심에 두고 생각하는 거죠. 그래야 행복합니다. 마음이 행복하지 않은데 행복한 척 애써 가장하라는 말이 아닙니다. 자신만의 행복을 찾아야 합니다. 어떤 상황에서도 찾을 수 있고 누구든 행복할 수 있습니다. 그 사실을 알고 자신을 행복하게 만들어야 합니다.

> 수처작주 입처개진(隨處作主 立處皆眞)
> 머무는 곳마다 주인이 되어라.
> 그곳이 곧 진실한 자리다.

더 풀어서 얘기하면, '어디를 가든 어느 곳에서나 내가 주인이다. 내가 주인이 되면 그곳이 어디든 참된 곳이다'라는 뜻입니다. 누구나 자기 발걸음으로 스스로 사는 겁니다. 남과 자꾸 비교할수록 내 행복이 점점 줄어들어요. 내가 처한 지금의 환경과 함께하는 사람들, 그 속에 행복이 있다는 걸 알아야 합니다. 비교는 자신을 불행하게 만들 뿐입니다. 다른 사람이 바라

보는 내가 아니라 내가 바라보는 나에 초점을 두고, 나는 얼마
나 행복한 사람인가, 얼마나 단단한 사람인가를 살펴보면 좋겠
어요. 비교하는 마음 없이 자기 자신을 들여다보는 것이 중요
합니다.

지혜롭게
나이
든다는 것

●

　　　　　　　　　　　　　　　　우리는 대개 젊을 때는 살아
있다는 게 그 자체로 얼마나 소중한지 잘 모릅니다. 하지만 지
혜롭게 나이 들면 산다는 것이 얼마나 소중한지 알게 돼요. 숨
쉴 수 있다는 사실, 볼 수 있다는 사실, 말할 수 있다는 사실, 걸
을 수 있다는 사실, 또 먹고살 수 있다는 사실, 이렇게 매 순간
의 일상을 살아갈 수 있다는 사실이 너무나 소중하고 고맙다는
걸 깨닫게 됩니다. 나이가 들수록 더 느끼게 되죠. 이런 사실을
빠르게 알아챌수록 저는 더 빨리 진짜 어른이 되어가는 거라고
생각해요. 잘 늙어가는 길이기도 하고요.

　　인생이 무엇인지 잘 알아야 지혜롭게 나이 들 수 있습니다.

그래야 괜찮게 살 수 있다는 게 성인들의 기본적인 가르침입니다. 제가 경험해봐도 마찬가지입니다. 사람이 나이 들고 어른이 된다는 것은, 결국 자신의 진짜 모습을 알고 삶을 살아가는 능력을 꾸준하게 기르는 것이라고 이야기할 수 있을 겁니다.

매일의 일상이 바로 인간이 소유하고 누릴 수 있는
최고의 신비고 기적이고 불가사의다.

이 사실을 아는 사람은 삶이 어떻겠습니까? 아마 남편은 아내에게, 아내는 남편에게, 부모는 자식에게, 자식은 부모에게, 어른은 젊은이들에게, 젊은이는 어른들에게, 서로를 소중하고 고마운 마음으로 대할 수 있겠죠. 그런데 우리는 자신에게 주어진 일상이 얼마나 대단하고 얼마나 큰 기적인지 모르다 보니까 자꾸 엉뚱한 다른 걸 찾아요.

지금은 자본주의 시대니, 돈이 억만금 있다고 쳐봅시다. 돈 자체가 우리를 평화롭게 하거나 행복하게 해주지는 않아요. 다만 삶을 평화롭고 행복하게 하는 데 일정 부분 기여하죠. 그러나 돈이 많이 쌓였다고 해서 무조건 완벽하게 평화롭고 행복할까요. 절대 그렇지 않습니다. 그런데 우리는 돈이 없으면 아무것도 못 한다고 생각한단 말이죠. 권력, 명예 다 마찬가지예요. 하지만 사실은 그런 물질보다 삶이 평화롭고 행복해지는 그 자

체, 그게 핵심입니다.

삶이 평화롭고 행복하려면 어떻게 해야 할까요. 가장 첫 번째가 만족감이에요. 만족감을 느끼면 평화롭고 행복해집니다. 그러나 만족감은 억지로 채우고 싶다고 해서 채워지지 않습니다. 자꾸 엉뚱한 걸로 채우려고 하면 욕심만 커져버리죠. 진짜 만족감은 인생을 제대로 알 때 자연스럽게 느끼게 돼요. 만족을 안 하려야 안 할 수가 없죠.

그럼 대체 뭘 알아야 할까요? 나에게는 이미 재물과 명예, 권력보다 좋은 것들이 수두룩하다는 사실을 알아야 합니다. 숨을 들이시고 내쉴 수 있는 능력을 높은 권력과 바꾸고 싶은 사람이 있을까요. 먹고 마실 수 있는 능력을 천금 만금과 바꾸면 어떻게 될까요. 그러니까 우리는 만족하지 않을 수 없는 가장 귀중한 걸 이미 가지고 있어요. 그런데도 우리는 이게 얼마나 대단한지 모르고 허황된 가짜 이야기에 속아서 자꾸 저 멀리만 쳐다보고 있는 거지요.

그래서 진짜 인생이 무엇인지 잘 파악하고 이해하면서 지금의 삶에서 누릴 수 있는 능력을 길러가는 것이 잘 나이 드는, 진짜 어른이 되는 길입니다.

깨달음의
밥상

●

　　　　　　　　　　　누구나 인생에서 난제를 만
납니다. 살면서 나 자신이 누구인지 계속 자문하기도 하죠. 그
해답을 알기 위해 비우는 일도 필요하겠지만, 그에 못지않게
채우는 것도 중요합니다. 음식을 먹는 일, 그로 인해 기운을 갖
는 일은 자신의 진짜 모습을 알기 위한 도구 중 하나입니다.

　저는 시골에서 농부의 딸로 자랐습니다. 푸른 봄날에 들로
산으로 나가면 사방이 나물로 가득했죠. 내 주변에서 나오는
것들로 무엇인가를 만들어 먹는 게 좋았어요. 그때부터 어렴풋
이 '먹거리'라는 것은 사람이 태어나자마자 인연을 맺어 평생
을 함께하는 것이라는 생각을 했습니다.

어떤 음식을 먹는가, 무엇을 먹는가는 곧 그 사람이 누구인지 말해줍니다. 음식은 나의 모든 것을 변화시킬 수 있습니다. 음식은 나의 성품과 인격을 만들어주고 몸과 마음을 변화시킵니다. 나의 행동에도 영향을 끼칩니다. 자기 일에 몰두하려면 무엇보다 올바른 음식부터 챙겨야 합니다. 우선 몸이 편해야 고요히 앉아 오롯이 집중할 수 있어요. 속이 불편하면 몸도 뒤틀립니다.

스님들이 먹는 음식을 사찰음식이라고 합니다. 저는 천진암에서 사찰음식을 맡고 있는데, 당연히 수행하는 스님들에게도 음식은 중요합니다. 수행을 하려면 정신과 육체의 에너지를 조화롭게 활용해야 하죠. 그 둘을 연결해주는 고리가 저는 음식이라고 생각해요. 단, 과도한 에너지는 필요하지 않아요. 수행에 필요한 만큼만 있으면 됩니다. 사찰음식은 정갈하고 소박하며 욕심이 없습니다. 일반적인 음식은 먹고 나서 많은 에너지를 동력으로 돌려줘야 하는데, 사찰음식은 정적이고 맑고 고요한 몸과 마음의 상태를 유지할 수 있도록 해줍니다.

사찰음식은 다른 생명을 해치지 않고
자연에 순응하는 '자연 음식'이고
제철 음식을 사용해

계절을 거스르지 않는 '계절 음식'입니다.
내 몸과 우주의 온 생명을
배려하는 마음으로 먹는 '슬로푸드'이자
깨달음을 주는 '수행 음식'이지요.

저는 출가해서도 매일 먹을 것을 채취하고 다듬고 밥을 짓는 일이 즐거웠습니다. 스님들이 내가 한 음식을 드시고 편안한 마음으로 수행을 한다면 그것 또한 수행이라고 생각했어요. 저는 음식으로 사람들과 소통하는 법을 배웠습니다.

발우공양은 철저한 자기 수행의 하나인데 여럿이 함께 먹는 것은 대중 공양이라고 합니다. 개인적인 수행을 여러 사람과 함께 나누는 거죠. 식사를 함께 하는 것은 자신이 깨달은 바를 함께하는 것과 같습니다.

무엇을 먹느냐만큼 중요한 것이 누구와 먹느냐입니다. 음식은 사람과 사람을 이어줍니다. 음식으로 서로의 감정을 교류하고, 그 마음으로 음식을 먹는 겁니다.

정
관

부처님의
식사법

○

부처님은 사위국 기원정사에서 1250명의 제자와 함께 머물
고 계셨다. 여느 때와 마찬가지로 탁발할 시간이 되자 가사를 입
은 뒤 발우를 들고 사위성 시내로 나가 한 집 한 집 다니며 먹을
것을 얻으셨다. 탁발을 마친 부처님께서는 사원으로 돌아와 공
양을 하시고, 가사와 발우를 거두고 발을 씻은 후 자리를 펴고
앉으셨다.

『금강경』의 첫머리에는 부처님께서 식사했던 모습이 자세
히 묘사되어 있습니다. 부처님은 사시맞이라 해서 하루 한 끼
만 드셨습니다. 아침 6시에 해가 부뚜막에 떠오르면 온 대중이

사제 순서대로 탁발을 나갑니다. 탁발을 나갈 때는 제일 어른부터 차례로 발우를 들고 나갑니다. 시주자가 마련해주는 음식이라면 식재료든 남은 음식이든 어떤 먹거리라도 가리지 않고 다 받습니다. 단, 일곱 집을 지나면 혹여 음식을 얻지 못했어도 탁발을 멈춰야 합니다. 그 이상 음식을 구하러 다니는 것은 욕심이라고 보기 때문입니다. 이를 칠가식(七家食)이라고 합니다.

아홉 시가 되면 모두 탁발을 마치고 자리로 돌아옵니다. 시주받은 음식을 혼자 먹는 게 아니라 전부 내어놓고 그날 탁발을 가지 못한 사람들과 평등하게 나눠서 먹습니다. 하루에 한 끼, 오전 아홉 시에서 열한 시까지 공양을 했는데 그 시간이 바로 사시입니다. 그 때문에 절에서는 지금까지도 사시공양을 하고 음식을 먹는 시간을 지킵니다.

지금도 동남아시아의 불교 국가에 남아 있는 탁발은 수행자에게 하심(下心)하고 절제하며 인욕(忍慾)하는 삶을 몸으로 느끼고 터득하게 하는 수행의 한 방법입니다. 시주자에게는 음식을 제공함으로써 공덕을 짓는 기회를 줍니다. 또한 부처님에게 탁발은 단순히 공양을 빌어오는 행위가 아니라, 세상과 소통하는 의식이었다고 할 수 있습니다. 경전에 의하면 부처님께서는 아난존자가 시봉을 하기 전 55세 되던 해까지 매일 아침 탁발을 하며 세상 사람들을 만나셨다고 합니다.

우리나라 절은 주로 산속 깊은 곳에 위치해 탁발을 하기 힘든 구조입니다. 그러다 보니 직접 밥을 지어 먹는 방법을 택하게 되었는데, 절에서 사찰음식을 먹는 식사의례를 발우공양이라고 합니다. 사실 사찰에서는 식사의 전 과정이 곧 수행입니다. 일단 음식을 먹는 것 자체가 수행을 위해서죠. 수행을 하려면 몸을 움직일 에너지가 있어야 하니까요. 재료를 준비하고 요리하고 그릇에 담고 그것을 먹고 치우고 씻는 모든 과정이 수행입니다.

음식을 만들 때는 먼저 식재료를 깨끗하고 자연스럽게 하고 이 식재료가 어떻게 자라서 여기까지 왔는지 이해해야 합니다. 그런 다음 유연한 조리법으로 식재료가 가지고 있는 본연의 맛을 충분히 꺼내어 부드럽고 자연스러운 음식을 만듭니다. 그런 음식은 내 몸 안에 들어왔을 때 조금도 몸을 해치지 않아서 편안함을 유지하고 맑은 생각을 일으킬 수 있도록 도와줍니다.

음식을 먹을 때는 내가 먹은 음식이 몸속 어디를 통과하고 있는지 느낍니다. 사람들은 대개 '아, 배불러', '맛있어', '맛없어' 정도에서 그치고 음식에 대해 충분히 생각하지 않습니다. 왜 음식이 맛있는지 아니면 맛없는지, 몸의 어디로 기운이 가는지, 음식의 에너지가 내 몸 어디까지 통하는지, 음식에 따라 내 몸이 어떻게 달라지는지, 몸과 정신이 어떻게 흘러가는지 차분히 바라봅니다. 음식을 통해서 나의 몸이 어떻게 이루어지는지 보고 내 몸의 변화를 점검합니다.

　발우공양은 음식을 남기지 않는 '빈 그릇 운동'이기도 합니다. 음식을 탐하는 마음을 경계하고 나에게 꼭 필요한 만큼의 에너지를 음식으로 채웁니다. 먹을 만큼만 그릇에 담고 깨끗이 비워야 합니다. 이 음식이 어떤 과정을 거쳐 상 위에 오르고 나에게 닿게 되었는지, 음식의 기원을 생각하고 그 음식을 만들어준 자연과 사람들의 노고를 떠올립니다. 하나의 채소 요리가 완성되기까지 흙과 물과 햇살과 바람과 농부의 정성과 땀이 있었다는 것, 우주의 온 생명이 함께했다는 사실을 알아야 합니다. 그 사실을 알면 감사하는 마음으로 쌀 한 톨도 허투루 여기지 않고 남김없이 먹게 됩니다.

자연이
키우는 텃밭

○

　　　　　　　　　　　　제가 가꾸는 텃밭은 특이하
단 이야기를 많이 들어요. 정돈되어 있지 않아 그 처음과 끝을
알 수 없고 작물들이 꽃과 들풀, 벌레들과 어지럽게 뒤섞여 있
죠. 그래서 사람들은 텃밭인지도 잘 모르고, 얼핏 기괴한 정원
처럼 보이기도 합니다.

　저는 텃밭에서 자라는 걸 그대로 놔둡니다. 씨앗을 뿌려놓
고 가끔 한 번씩 봐주기만 해요. 그대로 두면 눈, 비, 바람을 맞
으며 알아서 잘 자랍니다. 더우면 더운 대로, 추우면 추운 대로.
이 텃밭은 제가 8년 전에 산비탈을 직접 개간해서 만들었어요.
울타리가 없어서 멧돼지가 가끔 파헤치기도 하고요. 벌레도 따

로 안 잡아요. 비료나 농약도 쓰지 않아요. 자연 그대로보다 좀
더 빨리, 좀 더 크게 자라기를 바라고 모양이 더 좋기를 원하는
인간의 욕심 때문에 화학비료를 쓰는 거죠.

그러지 않고 그저 자연 그대로 두어도 됩니다. 늦가을 무렵
은행나무에서 은행 열매가 떨어지면 적당히 텃밭의 병충해를
막아줘요. 가을에 씨앗을 뿌린 양배추는 그해 겨울에 바로 잘
라서 먹지 않고 그대로 사계절을 둡니다. 눈을 맞고 눈밭에서
구르며 꽁꽁 얼었다가 녹는 한겨울을 지나면 그제야 속에 깊은
맛이 듭니다. 그러면 그 단맛을 먼저 눈치 챈 곤충들이 먹고,
그 뒤 남은 걸 인간도 함께 먹는 거죠.

벌레 먹은 배추, 상처 자국 많은 가지. 사람도 살다 보면 병
들기도 하듯이 자연스러운 모양이죠. 눈이 오면 눈이 오는 대
로, 비가 오면 비가 오는 대로, 그 상황들을 견디며 제멋대로
자란 식재료가 자기 맛을 가장 풍부하게 냅니다. 작물도 인간
도 자연 그대로의 모습을 알고 지켜주는 게 중요합니다.

때가 되면 귀한 작물들을 채취해 기쁜 마음으로 음식을 만
들어요. 자연에 의지하고 순응하여 자란 식재료로 음식을 만들
어 먹으면 나의 몸과 마음이 조화롭게 정화됩니다. 이 모든 과
정을 통해서 우리는 음식으로 마음을 치유할 수 있습니다.

자연과
싸우는
어리석음

○

　　　　　　　요즘 많이 이야기하는 '환
경'이란 말은 불교적 사고방식으로 보면 틀린 표현이에요. 서
양에서 들어온 개념인데, 환경이라고 하면 결국 인간을 중심에
놓고 자연은 인간을 둘러싸고 있는 어떤 배경 정도로 생각하는
거잖아요.

　하지만 불교에서 자연은 곧 나와 같아요. 자연은 나와 한 몸
이고 한 생명입니다. 이런 관점을 가지고 있다면 자연을 그저
나를 위한 배경 정도로 여길 때와는 행동이 완전히 달라지겠
죠. 어쩌면 우리는 지금 이처럼 삶의 여러 부분을 착각해 길을
잃고 헤매면서 많은 생각의 오류를 범하고 있는 게 아닐까요.

많은 사람이 여름이 되면 더위와 싸워요. 그런데 여름이 덥지 않고 가을처럼 시원하기만 하면 어떻게 될까요? 우리 아이들이 좋아하는 수박이 열매 맺고 맛있게 익을 수가 없어요. 아이들이 맛있게 먹고 즐거워하는 아름다운 장면이 가능해지려면 여름은 더워야 해요. 그래야 수박이 영글고 들녘에는 곡식이 익어가고 나무에 열린 감이나 대추 알이 굵어집니다.

그러면 여름은 나에게 뭘까요? 한여름 땡볕 더위 자체가 곧 내 생명의 조건인 거예요. 아이들의 생명과 웃음의 조건이기도 하고요. 아이들의 쾌활하고 명랑한 목소리를 들을 수 있게 해 주죠.

그런 것이 어떻게 적일 수 있을까요. 어떻게 함부로 해도 되는 대상이 될 수 있겠습니까. 우리는 세상을 너무나 잘못 이해하고 잘못 다루고 있습니다. 결국 우리 인간도 자연의 하나일 뿐인데, 그런데도 우리는 계속 자연과 싸우는 방식으로 사는 거예요. 겨울이면 추위와 싸우고 여름이면 더위와 싸우고. 그러면 사는 게 고달파질 뿐입니다.

걷는다는
것의
의미

○

인간은 걸으며 살아야 하는
존재입니다. 걷는 삶을 살지 않으면 문제가 생길 수밖에 없습
니다. 요즘 현대인들은 걷는 일이 너무 없어요. 그래서 탈이 나
고 계속 문제가 생깁니다. 몸과 마음이 병들게 됩니다. 정신의
병도 육체의 병도 사실은 온몸을 제대로 안 쓰는 데부터 시작
됩니다. 과학기술이 발달할수록 더 심해지고 있죠.

청소년의 비행 문제도 이와 관련이 있습니다. 학생들이 하
루에 한두 시간씩이라도 실컷 운동을 할 수 있다면 많은 문제
가 사라질 겁니다. 안에서 기운이 자라나 폭발할 지경일 테니

그 기운을 정상적으로 쓰고 작동하도록 만들어줘야 하는 거죠. 몸 쓰는 일을 불필요하게 보고 철저히 억압하면 결국은 이상한 방식으로 폭발할 수밖에 없습니다. 겉으로 쉽게 알아차리기 힘든 정신적인 문제가 생기기도 합니다.

애초에 병이 발생하지 않도록 해야 하는데 병 주고 약 주는 처방만 해서는 계속 비슷한 양상이 반복될 뿐입니다. 원천적으로 병이 생길 수밖에 없게 만들어놓고 제도와 대안을 만드는 건 의미가 없어요. 먼저 병이 생기지 않도록 접근하면서 처방을 해야 하는 거죠. 그렇지 않으면 때로는 약이 독이 되기도 합니다. 필요한 만큼 몸을 쓸 수 있다면 많은 문제가 저절로 해결될 수 있습니다. 인간이 온몸을 제대로 쓰려면 우선 걷는 삶을 살아야 합니다.

걷는다는 것은 인간으로서 온전한 몸짓입니다. 사람들은 보통 걸을 때도 도시의 골칫거리를 머릿속에 채우고 걷습니다. 모든 걸 털어버리고 한번 걸어보세요. 이 순간 내가 나로서 존재하기 위해 걸어야 합니다. 혹여 혼자서 걷다가 길을 잃더라도 걱정하지 마세요. 골짜기를 따라 내려오면 늘 마을이 있습니다. 그게 세상의 이치입니다.

내
공간을
가꾸는
일

●

　　　　　　　　　실상사의 스님들은 절을 가
꾸는 일을 직접 도맡아 합니다. 마치 시골의 농부처럼 삽과 곡
괭이 같은 농기구를 들고 다니면서 풀을 매고 땅을 고르는 모
습을 흔하게 볼 수 있죠. 각자 절에 필요해 보이는 일을 찾아서
본인 체력만큼 하는 겁니다.

　요즘 하는 일은 일명 고속도로 작업이에요. 절 마당은 땅이
다 흙으로 되어 있잖아요. 맑은 날은 괜찮은데 비가 많이 오면
다니기가 굉장히 힘들어요. 하지만 물이 잘 빠지도록 길을 만
들어놓고 관리하면 비가 올 때도 편하게 다닐 수 있지요.

실상사 안에는 사람이 쓰는 공간과 자연이 있는 그대로 살아가는 공간을 나눠서 관리합니다. 자연의 공간은 풀이 너무 무성할 때 가끔 한 번씩만 베어주고 웬만하면 그냥 놔두려고 해요. 대신 사람이 다니는 길은 깔끔하게 정리해서 비가 와서 질척거릴 때도 걷기 불편하지 않도록 관리합니다.

모든 일을 일일이 손으로 하는 데는 이유가 있습니다. 요즘에는 하도 기계가 발달해 이런 문제가 생기면 쉽고 간편한 방식으로 처리해버립니다. 있던 흙을 훅 걷어내고 좋은 흙을 사서 그곳에 부어버려요. 그러면 사실은 그 자체가 에너지 낭비이고 자연을 소모적으로 써버리는 결과가 되거든요.

그 대신 바깥쪽에 있던 자갈과 땅 아래에 묻혀 있던 고운 흙을 뒤바꾸고 평평히 고르면, 고되고 수고롭긴 하지만 새로운 흙을 가져오지 않아도 충분히 좋은 길을 만들 수 있어요. 절대 구할 수 없는 것이 아니라면 있는 걸 최대한 잘 활용해서 이 안에서 해결하자는 생각입니다. 한편으로 내가 발 딛고 사는 터전은 내 손으로 소중하게 가꾸자는 생각이기도 합니다.

한국 화엄종을 창시한 의상 스님이 쓴 「법성게」라는 시가 있는데, 그 내용이 굉장히 탁월합니다. 지금 내가 살고 있는 공간을 가꾸는 일이란, 단순히 내 개인적인 일이 아니라 우리 모두의 삶을 가능하게 하는 온 우주를 가꾸는 행위라고 얘기해요.

단순히 내 눈앞의 일이기만 한 것이 아니라 이 세상을 좀 더 바람직하게 만들어가는, 그래서 많은 사람에게 좀 더 바람직한 삶을 선사하는 우주적 작업이라고 이야기하고 있습니다.

보통 사람들은 굳이 대도시에 나가서 뭘 해야 대단하고, 저 멀리 외국에 나가서 뭘 해야 특별하다고 생각하지만 사실 그렇지 않습니다. 실제로는 이렇게 내 삶의 터전을 갈고닦는 작업이 우리가 살고 있는 무대 전체를 좀 더 완성도 있게 만들어가는 가장 대단하고 특별하고 중요한 작업입니다. 그리고 마땅히 해야 할 일이죠. 누가 알아주든 말든 기꺼이 해야 할 일입니다.

이런 삶을 살아야 내 삶도 더 좋아져요. 보람을 느끼고 심신이 더 건강해지고 활기를 얻기도 하고요. 그래서 저는 온 우주를 보살피는 마음으로 내 집 마당을 가꾸고 대문 앞을 깨끗하게 치우는 일들이 사실은 최고의 참선이자 수행이라고 생각합니다. 우리가 발붙이고 있는 삶의 터전, 삶의 현장을 떠난 수행이란 존재할 수 없습니다.

모든
일상이
수행이다

●

　　　　　　　　　　　아침마다 다 같이 모여서 하
는 마당 청소는 절의 중요한 하루 일과입니다. 비질은 가지런
히 단정하게, 우리 마음을 닦듯이 해야 합니다. 아무 흔적도 남
지 않도록 빗자루로 마당을 쓰는 겁니다. 뒤로 천천히 이동하
면서 내 발자국을 지운다고 생각하면 됩니다. 평평하게 쭉 훑
어가며, 마치 붓을 좌우로 흔들듯이 발자국을 없애는 거예요.

　모든 것이 다 수행입니다. 특별한 수행이 따로 있는 것이 아
니라, 평범한 일상이 다 수행이라고 할 수 있습니다.
　늘 지금 여기에 깨어 있는 것이 수행의 핵심이죠. 몸의 불편

함 때문에 마음을 챙기고 살피는 것을 놓치면 안 됩니다. 절은 수행하는 공간입니다. 우리가 살고 있는 삶의 현장이 실전이라면, 절은 그 연습을 하는 장소라고도 할 수 있습니다.

절에서는 팔을 과도하게 흔들면서 걷지 않습니다. 평상시에는 차수라고 해서 두 손을 교차하여 왼손 손등을 오른손으로 가볍게 잡아 가지런히 모으는 자세를 취합니다. 돌아다니다 사람을 만날 때는 합장을 합니다. 밖에서 만나면 악수를 하는데 절에서는 두 손을 모으고 목례를 하는 인사를 합니다. 합장은 '당신과 나는 하나입니다', '내 모든 것을 모아서 하나의 마음으로 대합니다'라는 뜻입니다. 내가 가진 두 손을 모두 내보여 줌으로써 나는 당신과 다투거나 싸울 의사가 전혀 없다는 표현이기도 합니다.

사방에
흩어진
생각을
모은다면

○

뇌 과학자들에 따르면, 사람은 일반적으로 하루 평균 4만 7000가지 생각을 한다고 합니다. 옛날 어른들이 오만 가지 생각을 한다고 말했으니, 거의 근사치죠. 사람은 눈으로 사물의 갖가지 모양과 색깔을 구분하는 동시에 과거의 경험이나 생각을 떠올리고, 비교하고, 미래에 대해 추측도 하고… 그렇게 24시간 동안 여러 방식으로 수많은 생각을 하죠. 사람의 생각하는 능력이라는 건 정말 대단한 겁니다. 그렇게 많은 걸 동시에 할 수 있다니 말이죠.

그런데 이 생각들이 이리저리 흩어져 있으면 별다른 힘을 발휘하지 못해요. 번뇌와 망상밖에 안 되죠. 그러나 그 마음을 하나로 모은다면 굉장히 큰 힘이 됩니다. 한 가지에 집중하면 아주 다양한 통찰력이 생기기 때문에, 자연스럽게 지혜가 생기게 됩니다.

우리에겐 두 개의 손과 열 개의 손가락이 있습니다. 이 열 개의 손가락을 하나로 모으면 합장이 됩니다. 아주 옛날부터 지금까지 사람들은 마음을 모을 때 두 손을 모았어요. 인류 역사에서 가장 오래된 수행법입니다. 합장은 내가 가진 모든 생각들을 하나로 모아서 지혜를 만들어내기 위한 아주 중요한 수행법입니다.

조금 더 나아가면 우주 만물의 본질을 뜻하기도 합니다. 동양에서는 왼손을 체(體)라고 하고 오른손을 용(用)이라 합니다. 체용론은 사물을 어떻게 바라볼 것인가에 대한 동양 철학의 아주 오래된 패러다임입니다. 체는 사물의 본체나 본질을 의미하고, 용은 사물의 작용이나 현상을 의미합니다. 동양 철학에서 체와 용은 분리되거나 대립하는 개념이 아닙니다. 서로를 상호 보완적 관계에 있다고 보고 이 둘을 합치시킴으로써 이상과 현실을 통일하려는 일관된 시각이 존재해왔습니다.

열 개의 손가락을 하나로 모으는 행위를 통해 본질과 현상이 하나가 되고 왼손가락의 다섯 장기(간, 심장, 위, 폐, 신장)와 오른손가락의 다섯 감각기관(눈, 귀, 코, 혀, 피부)이 한데 모아집니다. 또한 나와 상대가 하나 됩니다. 소통이 이뤄진다는 것은 마음이 맞는 것, 즉 나와 상대의 마음이 통하는 일이죠. 그래서 합장은 나는 당신과 하나라는 것을 보여주는, 진정한 소통을 바라는 몸짓과 같습니다.

레시피
없는
요리

●

　　　　　　　　　　사찰음식에는 정해진 레시
피가 따로 없습니다. 레시피가 있으면 매번 틀에 박힌 음식을
만들어냅니다. 그건 재미없는 음식이고 죽은 음식이죠. 씨앗
하나가 햇살과 바람과 비에 자라서 내 입으로 들어오는 과정이
이미 기적인데, 무슨 레시피가 필요할까요.

　또한 식재료를 틀에 맞춰 정의 내릴 수 있을까요? 같은 식재
료라 해도 때에 따라서 모두 다릅니다. 씨앗을 뿌리면 새싹이
나오고 꽃이 피고 열매를 맺는 성장 과정은 여러 변수에 따라
서 나날이 달라집니다. 나날이 다른 식재료인데, 어떻게 다 똑
같은 방법으로 음식을 하겠어요? 그러면 맛이 없죠. 그것은 그

식재료에 대한 예의도 아닙니다. 각각의 식재료에는 나고 죽기까지 하나의 생애가 고스란히 담겨 있고, 저마다 고유한 삶의 무게가 있습니다. 그렇기에 본연의 맛이 모두 다릅니다.

즉, 같은 재료라 해도 언제, 어떤 마음을 가지고 요리하는가에 따라 전혀 다른 음식이 됩니다. 나와 함께 음식을 나눌 사람이 누구인지에 따라서도 요리는 달라집니다.

가지면 가지다, 호박이면 호박이다, 배추면 배추다, 식재료에 따라서 각각 음식 먹을 시기와 모양과 조리 방법이 달라집니다. 절대 양념 맛으로 먹지 않습니다. 쓰면 쓴 대로, 달면 단 대로, 매우면 매운 대로, 식재료 자체에 이미 오묘한 맛이 담겨 있습니다. 양념을 과하게 쓰지 않아야 본연의 맛을 꺼낼 수 있습니다. 이 때문에 음식을 할 때마다 요리법도 다르고 쓰이는 양념들도 다 달라요. 그래서 한 가지 식재료라도 매번 다른 새로운 음식을 만들 수 있습니다. 음식을 할 때 저는 시절 인연에 따라서 변화하는 각각의 식재료에 저의 마음을 함께 두고 있습니다.

오이를 요리할 때 저는 오이가 됩니다.
호박을 요리할 때 저는 호박이 됩니다.
음식에 나를 함께 두는 것은 때마다 달라지는 음식을 통해 때마다 다른 나를 발견하는 것과 같습니다. 그래서 요리를 하는 건 매 순간 창의적이고 흥미로운 과정입니다. 식재료의 자연스러운 원래 모습을 생각하고 그것에 나의 마음을 담으면 음식의 모양에 따라서 내 마음도 함께 변화하는 겁니다.

요리를 할 땐 요란하지 않게 물 흐르듯 자연스럽게 합니다. 최소한의 조리 기구를 사용하고 나물을 무치거나 담을 때는 주로 손을 씁니다. 완성된 요리와 식재료 사이에 어떤 거리감도 느껴져서는 안 됩니다.

인생이
익어가는
과정

●

　　　　　　　　　사찰음식에는 오신채가 들
어가지 않습니다. 오신채는 마늘, 파, 달래, 부추, 아위 이렇게
다섯 가지로, 대부분 향이 강하고 과한 열량을 냅니다. 열량이
많은 음식을 먹으면 그만큼 에너지를 내어 움직여야 하니 마음
이 산란해지기 쉽죠. 마찬가지로 강화라든지 계피, 산초, 자소
등의 자극적인 향신료나 인스턴트 첨가물도 쓰지 않습니다.

　사찰음식의 양념은 자연입니다. 맛을 내는 기본은 소금, 된
장, 간장, 고추장입니다. 사찰음식 맛의 핵심은 바로 발효입니
다. 장은 기본이죠. 저는 해마다 메주를 쑤고 발효시켜 간장과
된장을 만듭니다.

자연의 식물은 모두 하나의 생명체입니다. 이미 콩이라는 자체가 하나의 종자 씨앗이에요. 먼저 콩을 푹 삶아요. 푹 삶은 콩을 본래 형태가 사라지도록 으깨고 한 달 반 동안 발효를 시킵니다. 발효가 끝나면 꺼내서 말렸다가 단지에 담습니다. 단지에 넣을 때 소금물에 담가놓으면 응집되어 있던 덩어리가 녹으면서 그 맛이 변화합니다. 발효된 검은 액체는 간장이 되고 가라앉는 덩어리는 된장이 됩니다. 자연 발효의 신비입니다.

단지에서 일 년쯤 지낸 된장은 생 냄새가 나요. 그래서 생된장이라고 부릅니다. 한 해 두 해 지나면서 자연에 의지해 발효가 진행됩니다. 발효는 일 년 내내 계속되는 게 아니에요. 6월 22일 하지부터 시작해서 초복, 중복, 말복을 거쳐 뜨거운 태양열과 장마를 지나는 한여름 동안에만 발효가 됩니다. 가을에 접어들면 발효가 멈춥니다. 하지만 어떤 발효제도 첨가하지 않고 가만히 둡니다. 맛이 흩어지면 안 되거든요. 발효는 자연이 하는 거지 인간이 하는 게 아닙니다. 그저 자연의 시간에 맡기고 바라보면 됩니다.

7월부터 한 달 반 동안에는 한낮의 뜨거운 태양열을 받아서 단지가 뜨끈뜨끈 달아오릅니다. 그랬다가 해가 지고 달이 뜨면 자연히 온도가 내려가죠. 그 시기에 보름이 세 번 지나는데 보름달이 뜨는 밤, 단지에 가만히 귀를 대고 있으면 안에서 보글

보글하고 된장이 익는 소리를 들을 수 있습니다.

단지를 만져보면 부위마다 온도가 다릅니다. 주로 아래는 시원하고 위는 따뜻하죠. 해가 단지의 동쪽에서부터 돌아가서 서쪽에서 어그러집니다. 북쪽에서는 달빛이 보완해줍니다. 굳이 단지를 움직이거나 흔들지 않아도 자연적으로 고르게 숙성이 되는 거죠.

수행도 마찬가지입니다. 수행은 누가 대신해줄 수 있는 게 아니잖아요. 내가 스스로 알아가고 스스로 익혀가고 스스로 체득하는 겁니다. 그렇게 세월이 흐르고 시절 인연을 거쳐서 나의 생이 보글보글 익어가고 변화하다 어느덧 새로운 존재가 됩니다. 인간이나 된장이나 마찬가지입니다. 자기 스스로 익어가는 겁니다.

3년 된 장독을 열어보면, 표면에 하얗게 꽃가지가 피어서 한창 변화를 일으키고 있습니다. 열심히 자기 모습을 찾아가는 중인 거죠. 맛이 계속 변화합니다. 반면, 7년 된 된장은 완전히 숙성되어 장맛이 깊게 든 상태입니다. 수행을 통해 본래 자신의 존재가 없어지고 평화로운 마음을 계속 유지하고 있는 상태와도 같죠. 나무와 풀 향기를 머금고 햇빛과 바람과 구름과 달빛을 한가득 품고 있습니다. 오랜 세월을 거친 자연의 에너지가 고스란히 담겨 있는 거죠. 그 액을 가지고 요리를 하면 음식에 에너지가 넘치고 약효가 생깁니다. 간장과 된장 맛에 의해서 모든 음식이 재탄생하게 됩니다.

날마다 단지 속을 보면 '아, 나의 인생이 이 안에 들어 있구나. 이걸 제대로 못 보면 과연 내가 진실로 살아 있다고 할 수 있을까?' 하는 생각이 듭니다.

들에서 산에서 나는 것들이 죽어 사람의 몸에서 살아갑니다. 들풀과 사람이 한 몸이 되니 결국 자연에는 생사의 경계가 사라집니다. 사찰음식을 만들고 먹는 것은 자연과 내가 본질적으로 하나가 되는 과정이기도 합니다. 들풀과 마찬가지로 나 역시 지금 이 순간을 살고 있다가 내 몸의 유지 기한이 다하면 물질은 땅으로 가고 정신적인 에너지는 남아 새로운 생을 만나게 되겠죠.

오래된
생명수

○

　　　　　　　　　　　　저의 보물 1호는 저와 함께
한 지 22년 된 간장입니다. 가는 곳마다 이 간장독을 가지고 다
녔어요. 저는 이 오래된 간장을 생명수라고 부릅니다. 기도하
다가 기운이 없거나 영양이 모자란다고 느끼면 이 간장을 대접
에 담고 물을 타서 마시곤 합니다. 그러면 얼마 지나지 않아 힘
이 나고 정신이 맑아집니다.

　자연 발효로 장을 담가 먹는 것은 아주 오랫동안 우리 선조
들이 반복하여 해온 일입니다. 한국의 역사와 문화가 깃든 대
표적인 전통음식이죠. 50년 된 간장독, 100년 된 간장독이 대

대로 내려와서 한 집안의 보물이 되기도 합니다. 이처럼 음식에는 내가 태어나기 이전의 역사까지 맞물려 있습니다.

간장독 앞에 서면 제 안에 과거, 현재, 미래가 공존하고 있는 것을 느끼게 됩니다. 현재의 나는 선조들의 지혜로운 삶의 모습을 그대로 본받아 간장을 담아내는 일련의 과정을 행하고 있는데, 이 과정들은 결국 과거에도 있었고 미래에도 똑같이 존재할 겁니다. 나와 간장은 절대 떨어질 수가 없죠. 그러니 나의 생명줄입니다.

우리를
둘러싼
생의 순환

○

　　　　　　　　　　　　　　우리 눈에 보이는 어디든 생
명이 있어요. 걸어 다닐 때는 항상 아래를 살피고 작은 생명을
밟지 않아야 합니다. 아무렇게나 걷는 게 아니고 모든 미물과
식물들을 배려하는 마음을 가지는 겁니다. 조고각하(照顧脚下),
항상 자기 발아래를 살피는 거예요. 하심을 지킨다고 하죠.

　눈에 보이는 대부분의 식물이 다 사람을 위한 먹거리가 됩
니다. 같이 공존하고 자연의 순환을 함께하고 있어요. 나고 죽
고 나고 죽고 하는 게 삶의 모습입니다. 생멸이 계속되는 거예
요. 높음이 있으면 낮음이 있고 젊음이 있으면 늙음이 있고.

이게 바로 생의 순환이죠.

모든 생은 순환합니다. 쳇바퀴처럼 계속 도는 거예요.

그것을 부처님은 이렇게 표현하셨습니다. "보이는 모든 것이 다 인연법이다. 인연으로 이루어진 바다." 우리를 둘러싼 모든 생의 순환을 가만히 느껴보세요. 우리는 산소를 들이쉬고 이산화탄소를 내뱉죠. 식물들도 숨을 쉽니다. 모든 일체 만물의 순환은 호흡에서부터 시작됩니다. 숨을 들이쉬고 내쉬는 그 순간을 잘 바라봐야 합니다. 지금 내 몸이 땅에 의지해서 서 있고, 비가 내리고 나면 공기 중에 수분의 정기가 흐르고 내 피부에도 땀이 흐릅니다. 그 물기를 식혀주는 바람도 있고요.

내 몸의 지수화풍과 자연의 지수화풍이 하나로 얽혀 있습니다. 지금의 인연이 다하면 정신적인 에너지는 또 새로운 에너지를 만나서 흘러가는 거죠. 생의 순환은 계속됩니다. 그래서 나의 인생이란 이것으로 끝이 아니구나, 계속되는구나, 라는 깨달음을 줍니다.

모든 것은
생애
단 한 번

○

　　　　　　　　　나의 이 생명은 어디로부터
왔을까요. 내 부모님에게 받은 생명의 한 줄기에 자연의 것들
을 먹고 나의 에너지를 보태어 변화하고 성장한 끝에 현재의
몸이 됐잖아요. 그 기원을 거슬러 올라가보면 나의 생명은 부
모님에게서 받았고 부모님은 또 그 위의 부모님에게서 받았고
그들은 또 그 위의 부모님에게서 받았고 그런 식으로 생명은
수만 년을 거쳐 아주 오랫동안 한 번도 끊어지지 않고 지금 현
재의 나에게까지 이어져왔습니다.

　제가 살고 있는 미황사는 1200년 된 천년 고찰입니다. 하지

만 '나의 생명에 비하면 그 역사는 아무것도 아니다. 내 생명의 역사는 정말 대단한 역사다. 수천 년, 수만 년을 이어져 내려왔고 그 시간을 살아온 까마득히 많은 사람의 에너지도 함께 이어져 내려와 현재의 나한테 있는 것이다.' 이런 생각이 듭니다. 나의 생명의 역사는 유일무이한, 나에게만 있는 것이죠. 사람의 삶, 다시는 없다. 이걸 일기일회(一期一會)라고 합니다. '평생 단 한 번의 만남, 생애 단 한 번의 기회'를 뜻합니다.

지금 이 만남이 세상에서 단 한 번의 인연입니다. 지금 이 순간이 세상에서 단 한 번의 기회입니다. 우리가 만나는 때가 모두 기회이니 그것을 놓치지 말아야 합니다. 일기일회의 마음으로 바라본다면 항상 새롭고, 잘해보고 싶은 의지가 생겨납니다. 언제 어떤 일이든, 어느 사람이건, 나에게 다가오는 모든 것들을 당당하게 맞을 수 있어요.

인생에서 좋은 때라는 건 따로 없습니다.

지금 이 순간을 온전하게 살아내는 것이 바로 가장 좋은 때이자 좋은 삶입니다.

인연

○

　　　　　　　　지금도 우리는 서로를 찾아
왔기 때문에 만날 수 있었습니다. 마음을 열고 발길을 내어서
내가 원하는 곳을 찾아가고 만나고 싶은 사람을 만나는 것이
정말 중요합니다. 그게 바로 인연이라고 생각합니다. 인연은
그냥 다가오지 않습니다. 가만히 있는데 저절로 생기는 일이란
건 이 세상에 없어요.

　온종일 방 안에만 콕 박혀 있다면 어떤 인연도 이루어질 수
없습니다. 내가 마음을 내고 몸을 움직여야 비로소 만나게 됩
니다. 잘 알지 못하는 것에 대한 두려움, 귀찮은 마음에 안주하
지 말고 지금 당장 문을 활짝 열어젖히고 나오세요.

특히 이 시대의 젊은이들에게 꼭 말하고 싶습니다. 인연은 그냥 주어지는 것이 아니고 당신이 스스로 만들어가는 것입니다. 당신이 맺은 귀중한 인연에 따라 당신의 삶이 달라집니다. 마음의 문을 열고 발길 내는 것을 미루지 마세요.

받은 것을
아는
사람

○

미황사에서 제 직책은 주지
입니다. 모두들 저를 주지 스님이라고 불러요. 언젠가 한번은
대체 주지가 뭘까 생각하다가 농담 삼아서 이렇게 말했어요.
"주지는 주는 사람이야. 사람들에게 잘 나눠 주는 것이 내가 할
일이지."

사람들이 부처님께 떡을 공양하곤 하는데, 그 떡은 조금 지
나면 금방 굳는 데다 우리 사찰에서 다 먹을 수 없는 양일 때도
있잖아요. 그런 떡을 보면 바로 잘라서 그릇에 담아 보이는 사
람마다 나눠 줍니다. 떡 주지가 되는 거예요. 그리고 가끔은 엄
마 손에 억지로 이끌려 오는 꼬마들이 있는데 표정이 별로 안

좋잖아요. 그럴 때 호주머니에 넣어두었던 사탕을 꼬마들 손에 쥐어주면 금세 얼굴이 환해지죠. 그때는 제가 사탕 주지가 되고. 또 사람들이 찾아오면 차 주지, 밥 주지, 부채 주지, 책 주지, 재워 주지… 그렇게 생각하니 '아, 나는 참 주지를 잘한다'라고 혼자 마음속으로 뿌듯해하기도 했습니다.

그러던 어느 날 아침, 선방 앞에 서서 날이 밝아오는 풍경을 보고 있었어요. 붉은 해가 저 달마산 위로 떠오르는데 문득 숲을 보니 나무들이 따스한 빛을 맞으며 활짝 웃고 있는 거예요. 새들도 아주 신나서 명랑한 소리로 노래하고요. 그 모습을 보고 저도 모르게 탄성이 흘러나왔어요. '이야, 해가 뜨니까 나무와 새들이 저리도 기뻐하는구나.' 그뿐만 아니라 저도 좋고, 들판에 익어가는 곡식들과 작은 벌레까지도 한껏 즐거워하는 게 느껴졌어요. 순간 깨달았습니다. 저 태양이 단 한 번 떠올라서 이 수많은 생명들에게 나눠 준 빛에 비하면 내가 지난 20년 동안 사람들에게 나눠 준 것은 반딧불만큼도 안 된다는 것을요.

또 이런 생각도 들었어요.
지금까지 나도 모르게 수많은 것으로부터 받고 있었구나.
태양뿐만 아니라 이 땅이 나에게 주는 것이 수없이 많고
이 바람이 나에게 주는 것이 수없이 많고

이 빗방울이 나에게 주는 것이 수없이 많고
또 옛날 사람들이 나에게 준 것이 수없이 많고
그래서 내가 아무리 평생을 나눠 준다고 해도
내가 주는 것보다 받는 것이 수천 배가 많겠구나.

자신이 준 것만 따지는 사람은 불행하고, 받은 것에 감사할
줄 아는 사람은 행복합니다. 실제로 준 것보다 받은 것이 수백
배, 수천 배 많으니까요. 받은 것을 아는 이는 나에게 주어지는
많은 것들에 감사하게 되고, 할 수만 있다면 나도 다른 사람들
에게 많이 주고 싶다는 마음이 들게 됩니다. 베풀고 나눠 주는
삶이 아마도 가장 행복한 삶이지 않을까요.

꽃밭
아니고
풀꽃밭

○

저는 실상사 안의 극락전에서 기거하는데 그 앞에는 열댓 평 되는 작은 마당이 있습니다. 살다 보면 온 마당에 계속해서 풀이 자라납니다. 처음에는 하던 방식대로 그 풀을 다 매곤 했어요. 그러다 보니 일도 많고 힘도 들었죠. 풀하고 계속 싸워야 하잖아요.

그래서 신사협정을 맺었습니다. 기와로 경계를 구분 지어서 땅을 나눠놓고 기와 안에는 자연 생태 공산, 바깥에는 내 공간이라고 정했어요. 기와 밖으로 나오는 풀은 사정없이 뽑겠다, 그 대신 기와 안쪽은 가급적이면 간섭하지 않겠다고 한 거죠. 그렇게 하니까 일이 확 줄었어요. 자연히 기와 안쪽에는 갖가지 풀들이 무성하게 자라났죠.

그런데 사람들이 와서 물어요.
"왜 꽃밭을 만들어놨는데 꽃을 안 심었습니까?"
그렇게 묻는 사람한테 저는 이렇게 대답합니다.
"여기는 꽃밭이 아니고 풀꽃밭입니다."

'꽃밭'이라고 하면 반드시 거기에는 선택과 소외가 발생합니다. 선택과 소외가 생기면 반드시 거기에는 차별이 생기고 싸움으로 이어지게 됩니다. 잘 알려진 꽃, 화려한 꽃을 위해서 하찮아 보이는 풀꽃 따위는 뽑혀야 하는 대상이 되는 거죠. 따라서 평화로울 수도 없고 편안할 수도 없어요. 하지만 '풀꽃밭'이라고 하면 모두가 꽃이기 때문에 선택과 소외가 발생하지 않습니다. 모두 평화롭게 살 수 있죠.

존재 하나하나가 다 꽃으로 존중받고 배려받는 것이 가장 바람직한 삶입니다. 그런 삶이 가능한 곳을 극락세계라고 합니다. 이 기와 안에서는 어떤 식물도 함부로 취급받지 않고 다 보호받습니다. 식물들의 천국인 셈이죠. 우리에겐 인간을 포함해 모든 생명들이 다 평화롭게 살 수 있는 세상이 필요합니다. 이것도 그런 세상을 만들어보고자 하는 작은 몸짓인 셈이죠.

따로
또
같이

○

세상은 커다란 공동체입니
다. 인간이란 존재도 공동체를 이루어야만 하고 뭐든 같이 해
야만 되잖아요. 공동체를 벗어날 길이 없어요. 그런데 사람들
은 그렇게 생각하지 않아 문제지요. 함께 지내려면 주변에 피
해를 끼치면서 모든 걸 내 마음대로, 나 편한 대로만 할 수는
없는 거잖아요.

그런데 왜 자꾸 나 편한 대로만 하려고 할까요? 공동체인지
모르기 때문이죠. 따로 살 수 있다고 착각하는 거예요. '나 혼
자 살 수 있다.' 이런 생각을 하고 있기 때문입니다. 하지만 우
리는 절대 공동체에서 벗어날 수 없어요. 그 사실을 인정해야

합니다. 그러면 자연히 삶은 달라지게 됩니다.

　그런데 반대로 자꾸 하나가 되자고 강요하는 것도 문제입니다. 하나 되는 게 좋은 것인가? 하나가 되면 내 삶이 불가능해져요. 그러면 분열되는 게 좋은가? 분열될 수도 없죠. 하나가 되는 것도 불가능하고 분열하는 것도 불가능한 일입니다. 결국 '따로 또 같이' 해야 하는 거예요. 어느 한쪽만 하는 것은 불가능합니다.

　따로 또 같이 사는 길은 결국 상대를 인정하는 것에서부터 출발합니다. 인정하고 존중하고 나아가 고마워하는 것이죠. '이웃사촌'이라는 말을 보면 '이웃'은 구분된 존재라는 말이고 '사촌'은 연결된 존재라는 뜻입니다. 이렇게 서로 구분되어 있지만 동시에 연결된 존재로 살아가야 합니다.

우주의
존재 법칙

○

이 세상은 무엇 하나 독립적으로 존재하지 않고 모든 것은 서로 연결되어 있습니다. 이런 세상의 모습을 빗대어 상징하는 게 바로 인드라망입니다. 인드라망은 산스크리트어로 인드라의 그물이라는 뜻입니다. 고대 인도 신화에 따르면 넓고 화려하고 빛나는 보석 그물이 인드라 신이 사는 궁전 위의 드넓은 하늘을 덮고 있었다고 합니다. 인드라의 그물은 그물코와 줄로 연결되어 있는데 그물코마다 각각 구슬이 박혀 있습니다. 모든 구슬은 그물로 연결되어 있고 서로를 비춥니다. 구슬에서 나오는 영롱한 빛들이 무수히 겹쳐지며 신비한 빛을 만들어냅니다.

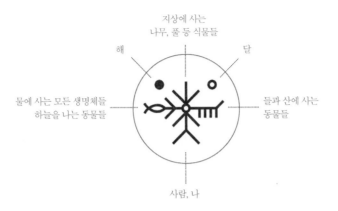

지상에 사는
나무, 풀 등 식물들

해

달

물에 사는 모든 생명체들
하늘을 나는 동물들

들과 산에 사는
동물들

사람, 나

저는 인드라망의 의미를 세상 사람들 누구나 보고 쉽게 이해할 수 있도록 하기 위해서 '인드라망 생명평화무늬'를 만들었습니다. 제일 밑에 보이는 게 자기 자신, 즉 사람이고 오른쪽이 네 발 달린 동물, 왼쪽이 새와 물고기, 위쪽에는 나무와 풀 같은 식물들, 그리고 양쪽에 해와 달이 그려져 있습니다.

저는 이 무늬를 보면서 비로소 부처님의 가르침인 불교가 아주 단순명료하게 지금 여기 내 삶을 이야기하고 있다는 것을 확신하게 됐습니다. 온 우주의 모든 존재가 다 그물의 그물코처럼 연결된 채 존재한다는 것을 상징하는 그림입니다. 그중에 어떤 하나라도 없으면 불완전한 상태가 됩니다. 그중에 어떤 하나라도 함부로 취급당하면 모든 생명이 일제히 영향을 받게 됩니다.

원효대사는 그런 것을 한마디로 일심동체라고 했습니다. 바로 원효 사상의 핵심인 일심(一心)입니다. "나 혼자 평화로워질 수 없고 우리끼리만 평화로워질 수 없고 전체가 조화를 이룬 상태여야 가능하다. 그러려면 인간과 자연, 이 나라 저 나라, 이 종교 저 종교, 너와 나 모두가 두루두루 어울려서 공존해야만 평화로운 삶이 가능해지기 때문에 모두 한 마음으로 가야 한다"라는 뜻입니다. 그런데 지금 현대사회는 거꾸로 가고 있죠.

내가 관계 맺거나 상대하고 있는 어떤 대상을 소중하게 생각하고 존중하고 배려하고 또는 도우면서 살아야만 우리가 희망하는 아름다운 삶이, 자유로운 삶이, 평화로운 삶이, 행복한 삶이 가능해질 것입니다. 어느 하나도 소중하지 않은 것이 없고 함부로 취급해도 괜찮은 것은 없습니다. 그것이 우주의 존재 법칙이고 생명의 질서입니다.

어디에나
통하는
진리

○

　　　　　　　　　　　저는 과학과 종교의 가르침
이 완전히 다르다고 생각하지 않습니다. 특히 제가 몸담고 있
는 불교는 어떤 초월적 대상을 믿고 따르는 종교가 아닙니다.
인간과 삶, 우주의 진리를 전해주는 것이기에 어떤 의미에서는
과학과도 비슷하다고 할 수 있습니다. 2600년 전에 살았던 붓
다가 세상 만물의 진리를 깨닫고 세상 사람들에게 널리 알려주
었던 거죠. 그의 가르침이 여러 수행자와 경전을 통해 지금까
지 이어져 내려오고 있습니다.

　그 가르침은 한국 사람에게만 해당되는 게 아니고 영국 사
람에게도 기독교인에게도, 즉 모든 인류에게 해당되는 진리입

니다. 어디든지 다 통한다고 말할 수 있습니다. 불교 신자들만이 아니라 누구든지 가질 수 있습니다. 마치 태양과 같고, 공기와 같아요. 누구든지 마실 수 있고 누구든지 쪼일 수 있습니다.

『금강경』은 『반야심경』과 더불어 우리나라에서 가장 많이 독송되는 경전입니다. 그 첫 부분을 보면 '우리가 어떻게 살아야 합니까?'라고 묻는 제자들의 질문에 대한 붓다의 대답으로 시작하는데, 깨달음을 얻기 위해 반드시 알아야 할 세상 만물의 이치를 이야기합니다. 그 진리의 핵심을 간략한 4구의 형식으로 요약한 게송이 바로 「금강경 사구게」입니다. 그 안에 공(空)이라는 불교 사상의 진수가 모두 담겨 있다고 해도 과언이 아닙니다. 읽는 건 1분이면 충분하지만, 그 뜻을 이해하는 데 얼마나 긴 시간이 걸릴지는 모르겠습니다.

제1구게. 5장 여래실견분

범소유상 개시허망 (凡所有相 皆是虛忘)

무릇 형상이 있는 것은 모두가 다 허망하다.

약견제상비상 즉견여래 (若見諸相非相 卽見如來)

만약 모든 형상을 형상이 아닌 것으로 볼 수 있다면

곧 여래를 볼 것이다.

제2구게. 10장 장엄정토분

불응주색생심 (不應住色生心)

마땅히 색에 얽매여 마음을 내지 말라.

불응주성향미촉법생심 (不應住聲香味觸法生心)

마땅히 소리, 향기, 맛, 촉감, 현상에 얽매여 마음을 내지 말라.

응무소주 이생기심 (應無所住 而生其心)

마땅히 어디에도 걸림 없이 마음을 낼지니라.

제3구게. 26장 법신비상분

약이색견아 이음성구아 (若以色見我 以音聲求我)

만약 형상으로 나를 보려 하거나 음성으로 나를 구하게 되면

시인행사도 불능견여래 (是人行邪道 不能見如來)

이러한 사람은 올바르지 못한 도를 행하는 자로서

결코 여래를 볼 수 없으리라.

제4구게. 32장 응화비진분

일체유위법 여몽환포영 (一切有爲法 如夢幻泡影)

이 세상의 모든 현상은 꿈과 환상과 물거품과 그림자와 같다.

여로역여전 응작여시관 (如露亦如電 應作如是觀)

또한 이슬과 같고 번개와도 같으니

마땅히 이와 같이 보아야 할 것이다.

우리의
유전자는
이기적이지
않다

○

저는 과학에서 사용하는 언어가 바뀌어야 한다고 생각합니다. 인류는 그동안 눈부신 과학적 발전을 이루어냈고, 우리의 신체가 어떻게 작동하는지에 대해 무수히 많은 사실을 알아냈습니다. 문제는 그 사실을 표현하는 데 잘못된 언어를 사용하고 있다는 것입니다.

유전자가 '이기적'이라는 표현은 잘못됐습니다.
유전자 자체는 이기적일 수도 이타적일 수도 없습니다.
우리의 DNA는 우리를 이기적이게 만들지 않아요.
우리가 그렇게 만드는 거예요.

그건 너무나도 커다란 차이입니다. 도킨스뿐 아니라 많은 생물학자들이 그동안 해온 방식대로, 잘못된 주장을 반복하고 재생산하는 것을 그만둬야 합니다. 이 문제는 단순히 과학계 내부의 논쟁으로만 끝나는 문제가 아닙니다.

유전 이론은 진화론의 아버지인 다윈에서부터 출발했다고 볼 수 있습니다. 그런데 21세기 초 유전학자들은 진화론 연구의 종합적인 결론을 이끌어내면서 굉장히 커다란 오류를 범했습니다. 푸른 눈동자나 검은 피부와 같은 인간의 개별적 특징들이 어떤 하나의 유전자에 의해서 생산된다는 이론입니다. 물론 지금은 사실이 아니라고 밝혀졌죠. 현대의 유전 연구는 단하나의 유전자가 아니라 엄청나게 다양한 종류의 유전자가 인간이 가지고 있는 성질이나 특징을 만들어낸다는 것을 입증했습니다. 따라서 좋은 유전자 혹은 나쁜 유전자라는 구별은 할수 없습니다. 모든 유전자는 우리 몸에서 좋을 수도 있고 나쁠 수도 있습니다.

어떤 유전자는 좋고 어떤 유전자는 나쁘다는 기본 전제에서부터 우생학이 생겨났고 우생학적 관점은 제2차 세계대전 당시 홀로코스트라는 만행이 저질러진 기반이 되기도 했습니다. 잘못된 생물학 유전 이론이 사회인류학적으로 파괴적이고 끔찍한 재앙으로 이어졌던 것입니다. 수백만 명의 유대인, 집시,

소수민족 그리고 기타 여러 민족이 열등하다고 여겨져 핍박받고 무참히 죽어갔습니다. 한국 역시 우생학의 피해를 직접적으로 겪었던 나라입니다. 일제 강점기에 한국인은 일본인에게 하류 인종으로 취급받고 박해받았던 아픈 역사가 있습니다.

　지금 이 시각에도 이기적 유전자 이론은 우리 사회 전역에 깊은 영향을 미치고 있습니다. 생의 본질에 대한 오해와 편견이 깊어지고 이기주의적인 태도가 만연하게 됩니다. 이기주의적인 사회 구조, 경제 구조들이 복합적으로 형성됩니다.
　유전자라는 건 좋고 나쁜 어떤 이분법적인 존재가 아니고 이기적인 존재는 더더욱 아닙니다. 따라서 인간이라는 존재 역시 그렇습니다. 시스템 생물학의 관점으로 접근하면 그런 사실들을 쉽게 깨닫게 됩니다. 대부분의 경우 자연은 경쟁이 아니라 협동 속에 있다는 사실을 말입니다.

오랜
의문에
답을
찾다

— 데니스 노블

저는 과학자의 삶을 살아오며 무척 즐거웠고, 그건 절대 바꾸고 싶지 않은 선택입니다. 하지만 지나온 인생을 돌아봤을 때 후회가 되는 건, 제가 다른 사람들에게 더 친절할 수 있었는데도 때때로 그러지 않았다는 겁니다. 살아오며 많은 사람에게 상처를 준 것 같아요. 우리 모두가 그러면서 살죠. 화를 내고 기분 상해하고 종종 다른 사람들을 비난하고는 합니다.

젊었을 때는 동료 과학자들과 의견이 부딪칠 때면 논쟁에서 그치지 않고 과격한 말싸움으로 번지는 일이 많았습니다. 누군가가 제 논문을 비난하기라도 하면 저도 똑같이 공격적인 방식으로 받아치곤 했었죠. 당시 저는 제 의견에 반대하는 주변 사람들과 언제라도 맞서 싸울 준비가 되어 있던 어린 과학자였습니다. 하지만 나중에는 그게 결코 좋은 방법이 아니라는 걸 깨닫게 됐습니다. 그런 상황에서는 먼저 상대방을 이해하려는 접근이 필요하다는 걸 알게 됐죠. 어떻게 보면 명상적인 사고를 하는 겁니다.

'왜 그런 말을 하지?'
'왜 그렇게 행동하지?'

이런 질문을 통해 상대방을 더 잘 이해하게 될수록 더 적절하게 대응할 수 있었습니다. 꼭 상처를 주고받아야 할 필요는 없잖아요. 게다가 제 연구 내용을 더 효과적으로 설명할 수 있게 되었습니다.

2006년 제가 처음 시스템 생물학에 관한 책을 발표했을 때, 과학계에선 뜨거운 비난이 이어졌습니다. 제 의견에 반대하는 과학자들의 분노와 비난이 거의 10년 동안 이어졌어요. 인터넷에서 아주 심한 말들로 공격받기도 했습니다. 어리석다, 멍청하다, 바보 같다…. 가면 갈수록 정도가 심해졌죠. 당연히 그런 말들에 상처를 받기도 했습니다.

하지만 그 시련을 견디기 위해 저는 더욱 적극적으로 명상

했습니다. 그러자 상대방의 거친 공격에도 차분하게 대응할 수 있게 되었고 전처럼 감정적으로 반응하지 않게 되었습니다. 우리 모두 비판에서 얻을 것이 있습니다. 그들이 그런 말을 한 의도나 생각이 무엇인지 정확히 알 수 있다면요. 저의 태도가 바뀌자 저를 비판하던 사람들도 멈칫하고 한번 더 신중하게 생각하게 되었습니다. '왜 저 사람은 계속 차분하지? 왜 우리의 공격에 반응하지 않지?' 하고요. 제가 냉정을 유지하자 그들의 타오르는 분노도 차츰 식어갔습니다.

이후 저는 제 이론을 뒷받침하는 또 다른 책을 쓰고 더욱 활발히 활동했습니다. 부지런히 강단에 서고 대규모의 학술회의를 개최했습니다. 그럴수록 분노와 비난의 목소리들이 조금씩 사라졌습니다.

결국 저는 현대 생물학이 갖고 있던 기존의 관점에 변화를 일으키는 데 성공했습니다. 제가 성공할 수 있었던 가장 큰 이유는 쏟아지는 야유와 비난에 감정적으로 반응하지 않았기 때문입니다. 저는 단지 그런 논란이 거짓임을 입증하는 더 많은 책을 냈죠. 최근 15년 동안 과학계에서 연구 성과를 내고, 또 명상 기술을 통해 스트레스를 줄여 마음을 능숙하게 다룰 수 있게 된 후 저는 정말 행복한 사람이 되었습니다.

삶의 균형을 찾는 법

하지만 지금 이 시대를 사는 젊은이들은 여전히 힘겨우리라
고 생각합니다. 지금의 젊은 세대는 자신의 이전 세대보다 부
족한 환경에서 살아가게 될 첫 번째 세대일 겁니다. 지난 몇백
년간 인류의 삶의 질은 언제나 향상되어 왔습니다. 따라서 여
태까지의 모든 세대는 자신이 이전 세대보다 더 나은 삶을 살
게 되리라 여겼고 마음껏 희망찬 미래를 꿈꿀 수 있었죠. 하지
만 이제는 그렇게 단정할 수 없습니다. 특히 경제적으로나 자
연환경과 같은 물리적인 측면에서요.

우리는 지금 인류 문명의 역사상 가장 큰 위기에 직면하고
있습니다. 지금까지 겪어온 역사를 보면 확실히 그렇습니다.
인류는 그동안 지구의 생태계에 너무도 심각한 해를 끼쳐왔습
니다. 우리의 손자, 손녀들이 이 지구에서 살아남는 마지막 세
대가 될 수도 있다는 우려는 절대 과장이 아닙니다. 종말까진
아니더라도 저는 그 아이들에게 각종 기상이변과 쓰레기로 황
폐해진 지구를 물려줄 것이라는 사실이 두렵습니다.

그럼에도 불구하고 지금도 많은 정치인들은 잘못된 방향의
정책을 수립하고 있습니다. 환경파괴와 기후 변화에 대한 정부
의 안일한 대처에 거세게 항의하는 건 주로 젊은 세대들입니
다. 기성세대가 이 문제에 충분한 조치를 취하지 않고 있으니

까요. 때때로 세대 간에 첨예한 대립과 갈등이 생겨나는 원인이 되기도 합니다. 전 세계 수많은 젊은이들이 갈수록 심각해져가는 지구의 이상 징후를 초조하게 주시하며, 최악의 사태를 막으려는 사회의 대응 속도가 느린 것에 분노하고 있습니다. 나는 그들이 옳다고 생각합니다. 충분히 분노할 만한 일이죠. 이건 그들의 미래니까요. 우리는 지금 미래를 생각하면 불안해지고 분노할 수밖에 없는 상황을 겪고 있는 겁니다. 그리고 바로 그 점 때문에, 삶의 균형을 잡는 일이 더욱 중요해집니다.

그들이 뭘 해야 할까요? 분노를 어떻게 분출해야 하나요? 분노할 필요가 있는 일에 대해서는 분노하세요. 우리도 지난 세대가 살았던 것만큼 풍요로운 세상에서 살 권리가 있다고 생각한다면 모두를 설득하기 위해 자신이 할 수 있는 일을 해야 합니다. 거리 시위든 시민운동이든 정치 활동이든 어떤 방식을 통해서든 우리는 마땅한 분노를 표출할 권리가 있습니다.

그러나 삶이 늘 투쟁일 수는 없습니다. 싸워야 할 상대와 싸우는 동시에, 자신과 타인을 더욱 편안하게 대하고 원만한 관계를 맺는 방법을 배웠으면 합니다. 우리는 계속 앞으로 나아가야 하니까요. 현대사회에서 필연적으로 생겨나는 긴장과 불안, 걱정을 헤쳐나갈 수 있도록 자신만의 방법을 찾아야 합니다. 그런 방법 중의 하나로 저는 참선 명상을 추천하고 싶습니다. 명상이라는 테크닉은 과거보다 21세기 현대인들에게 더욱 유용해졌습니다. 동양에서 수천 년 전부터 행해져 온 명상법이야말로 귀중한 인류의 유산입니다.

이것은 삶의 균형을 맞추는 문제이기도 합니다. 잠시 스위치를 끄고 복잡한 일상에서 벗어나 평온한 시간을 가지는 겁니다. 하루 한 시간의 명상은 종일 휴대전화만 들여다보는 것보다 당신에게 훨씬 더 이로울 것입니다.

이제 명상은 저의 일상이 되었습니다. 언제 어디서 무얼 하든 명상을 하는 것이 가능합니다. 산책할 때는 물론이고 음악을 듣거나 요리를 하거나 텃밭을 가꿀 때에도요. 어떤 상황에서든 명상을 할 수 있고 혹은 명상을 할 때의 마음 상태를 유지할 수 있다고 생각해요.

저는 무척 쉽게 명상 상태에 들어갑니다. 모든 게 밀려들지 않는 상태, 평온하다고 느끼는 상태요. 명상을 하면 내가 하고 있는 일과 내가 처한 상황 자체에 더욱 집중하게 되고 잡다한 걱정과 불안이 사라집니다. 물론 안 좋은 일이 생기면 걱정스럽고 괴롭기도 하지만, 그 나쁜 감정들이 계속 남아서 몸집을 불리고 눈덩이처럼 불어나지 않아요. 결코 주체할 수 없을 만큼 격렬한 분노나 좌절감까지 나아가지 않게 되는 겁니다.

일상으로의 귀향

저는 살아오며 여러 과정을 거치면서 변화했습니다. 만약 20년 전의 저였다면 이번 여행을 하면서 굉장히 다른 기분을 느꼈을 것 같아요. 멋진 경관에 흠뻑 빠져서 관광객 같은 기분으로 다녔겠죠. 당시에는 불교가 어떤 의미인지 잘 몰랐으니까요. 그런데 지금은 마치 집으로 돌아온 기분이에요. 이번 여행은 저에게 귀향과도 같았습니다.

불교 철학과 과학자로서의 제 생각이 그 어느 때보다 굉장히 가깝다고 느끼게 되었기 때문이에요. 지난 20여 년이 넘는 시간 동안 생명과 과학에 대한 연구를 거듭할수록 저는 이런 질문들과 마주하게 되었습니다.

삶은 무엇인가.
과학이 무엇을 말해줄 수 있는가.

스님들의 말씀을 들으면서, 불교와 제가 연구해온 과학을 전부 관통하는 전체론적 관점을 제 스스로 발견하게 된 것 같아요. 오랜 의문의 답을 찾은 것 같습니다. 시간이 지날수록 제 내면의 아주 깊은 곳에 가까워지는 느낌이 들었어요. 마치 고향에 돌아온 것처럼 말입니다.

영국에 있는 동료 과학자들은 이상하다고 생각할지도 몰라요. 놀라워하는 이들도 있겠죠. 물론 저명한 서구 과학자들 중에도 저와 비슷한 생각을 가진 분들이 있었습니다. 아인슈타인 역시 불교의 개념이 물리학의 상대성이론과 유사하다고 이야기했어요. 그러니까 이런 주장을 하는 것이 저 혼자만은 아니지만, 분명 흔한 경우는 아닙니다. 그래서 처음 일주문을 통과하여 사찰 안에 들어설 때 저는 무척 들뜬 기분이었습니다. 제가 오랫동안 생각하고 연구해왔던 사상의 기원이나 다름없는 장소 중 한 곳에 방문한 거니까요. 제가 소중히 여기는 사상의 기원으로 돌아오게 되었다는 사실이 정말 기뻤습니다.

한국에서 만난 스님들은 여느 성직자처럼 느껴지지 않았어요. 나와 먼 사람이라는 거리감도 들지 않았어요. 그들은 분명히 불교 철학을 보다 발전시켜 온 위대한 사상가들이고 위대한 수련자들이죠. 하지만 동시에 정말 따뜻한 분들이었어요. 그들의 가르침을 한 단어로 표현하자면 '유대감'의 철학이에요. '이기심'의 철학이 아니라요.

이번 여행을 기점으로 앞으로의 제 인생은 확연히 달라질 겁니다. 의심의 여지 없어요. 한국의 사찰에 머물면서 너무나 많은 것을 배웠습니다. 앞으로 제가 해야 할 일들의 방향이 달라졌어요. 저는 계속해서 나아갈 것입니다. 스님들과의 만남은 저의 사명이 한 걸음 더 나아갈 수 있도록 해주었습니다. 삶에 대한 두 가지 메시지의 중요성을 더욱 확신하게 되었기 때문입니다.

첫 번째는 사회적 관계의 붕괴와 인간 소외로 인해 세상 사람들 모두가 겪고 있는 괴로움을 해소해야 한다는 것입니다. 불교 철학과 명상 수행법이 그 과정에서 큰 도움이 될 거라고 생각합니다.

다른 하나는, 우리가 이기적으로 태어나지 않았다는 것을 이해해야 한다는 점이에요. 사람은 그저 유전자의 통제를 받으며 사는 게 아니에요. 통제권은 우리에게 있어요. 나 자신으로서 주체적인 삶을 살아야 하고, 다른 사람과 이 세계와 더불어 살아가야 합니다. 우리는 모두 그렇게 살 수 있습니다.

미래
세대에게
전하는
메시지

여행이 막바지에 다다를 무렵, 두 노교수는 해남 땅끝마을
에 다다랐다. 해 질 녘 고즈넉한 바닷가를 걸으며 잠시 쉬어가
는 사이 마음속 이야기들을 풀어놓았다. 젊은 세대에게 전하고
싶은 이야기가 있다고 했다.

노블 정말 근사한 곳이에요. 그러니까 우리가 지금 한국의
가장 남쪽 끝에 있는 건가요?

엄융의 맞아요.

노블　이 바닷가 정말 마음에 들어요. 해변에 플라스틱 쓰레기보다 조개껍데기가 더 많잖아요. 이 조개 좀 봐요, 정말 예쁘네요.

엄용의　여기 해초도 있어요.

노블　그것도 예뻐요. 한국에서는 해초를 양식하잖아요. 영국 사람들은 해초가 어디에 좋은지 몰라요. 그래서 거의 쓰질 않죠.

엄용의　그래요?

노블　웨일스 사람들만 빼고요. 그 사람들은 해초로 빵도 만들어요. 웨일스 바닷가 쪽에 해초가 많거든요. 아, 그리고 고등을 많이 잡는데 그 고등이 어디로 갈까요?

엄용의　글쎄요…. 잘 모르겠네요.

노블　바로 여기요. 웨일스가 엄청난 양의 고등을 한국에 수출해요.

엄용의　오, 그렇군요. 우리는 골뱅이를 워낙 좋아하니까요. 재밌네요.

노블　어쨌든 우리는 지금 한국의 최남단에 있습니다.

엄용의　네, 땅끝까지 왔어요. 우리의 여행도 끝나가고요.

노블　글쎄요. 그건 더 가봐야 알죠.

***

노블   우리가 함께한 지도 벌써 40년이 흘렀네요. 우리 둘 다 예전과는 조금 다른 사람이 되어 있는 것 같아요. 안 그래요? 물론 같은 면도 있겠지만요.

엄융의   40년은 정말 긴 시간이잖아요.

노블   긴 시간이죠. 어느 정도는 인간이 나이가 들면서 더 현명해지는 것 같기도 해요. 물론 지금도 지혜롭다고 할 순 없어요. 저는 항상 스스로 지혜롭다고 생각하는 사람은 진짜로 지혜로운 게 아니라고 이야기하잖아요. 그러니까 제 말은, 그래도 30~40년 전보다는 지금이 조금 더 지혜로운 것 같다는 거죠. 어떻게 생각해요?

엄융의   맞아요. 그런데 지혜롭다는 표현이 정확하진 않은 것 같아요. 나이 든 사람으로서 자기 경험을 바탕으로 어떤 조언이나 도움이 될 이야기를 줄 수는 있겠죠. 우리는 이렇게 해왔는데 이런 건 좀 후회가 된다, 뭐 그런 거요.

노블   맞아요. 제가 지금에 와서 가장 후회되는 일은, 정말 중요한 건데요.

주류 생물학 관점에 대한 의문을 좀 더 빨리 제기하지 않은 거예요. 제가 『생명의 음악』을 출판한 게 2006년이잖아요. 사실 1976년에 리처드 도킨스의 책 『이기적 유전자』가 나왔을 때부터 계속 그의 의견에 반대하는 토론을 주최하려고 했었어요. 그런데 하지 못하고 있다가 그런 생각이 점점 더

커졌고, 『생명의 음악』을 펴내면서 폭발적으로 발현된 것 같아요. 무려 30년이나 걸린 셈이죠. 조금 더 빨리 했더라면 어땠을까 하는 아쉬움이 남아요.

그래서 저는 젊은 과학자들이 정말 용감했으면 좋겠어요. 아직 발견할 수 있는 것들이 너무나도 많아요. 물론 지금도 굉장히 중요한 지식들을 많이 알게 되었지만, 생명의 비밀만큼은 여전히 풀리지 않았으니까요. 과학자들이 더 용기를 냈으면 해요.

엄융의 문제는 용감한 과학자가 나타나서 새로운 유형의 연구를 진행하려고 해도 연구비 지원을 받는 것이 거의 불가능에 가깝다는 점이에요.

노블 맞아요. 연구비 지원 받기가 매우 어렵죠. 저도 늘 부딪히는 벽이에요.

물론 그것도 슬픈 일이지만, 희망이 있어요. 제가 학생 100명 정도 있는 교실에 있으면, 2~3명 정도가 조금은 반항적이에요. 계속 특이한 질문을 해요. 저는 그게 정말 좋아요. 교수에게 도전하는 창의적인 사람들이요. 그래서 저는 충분히 그런 학생들에게 과학의 미래를 맡길 수 있을 거라 생각해요.

***

노블   사실 우리는 삶이 앞으로 어떻게 펼쳐질지에 대한 통제
권을 가지고 있어요. 우리는 인간으로서 굉장히 창의적이에
요. 주변만 봐도 그렇잖아요. 유럽에서, 미국에서, 아시아에
서 개발되고 있는 것들을 보면 그래요. 인간이 창의적이라
는 건 분명한 사실이죠.

삶의 여러 선택을 통해, 내가 어떻게 행동할지 정하고 어떻
게 그것을 실행할지, 어떤 영양 상태로 내 몸을 유지할지, 내
가 내리는 그 모든 선택과 목표가 항상 내 몸 안에 내재되어
있는 것은 아니에요. 나 자신이 모든 걸 좌지우지할 수 있어
요. 그에 대한 증거도 이제는 굉장히 명확하다고 생각해요.
일란성쌍둥이의 예시도 있죠. 둘이 완전히 다른 삶을 살았
잖아요. 한 명은 역도 선수를 하고 다른 한 명은 달리기 선
수를 하고요. 둘의 게놈은 완전히 똑같았지만, 완전히 다른
삶을 살게 되었어요. 그래서 우리가 생각하고, 느끼고, 선택
하는 것들이 우리 몸에 영향을 미쳐요. 이 얘기를 젊은 사람
들에게 꼭 하고 싶어요.

엄융의 맞아요. 사실이 그렇죠.

노블   교수님은 어떤 말을 하고 싶으세요?

엄융의 글쎄요. 요즘 같은 디지털 시대에 우리는 매우 많은 정
보를 얻을 수 있잖아요. 그래서 많은 사람이 갈수록 더 유행
을 따르려고 하는 것 같아요. 이를테면 전공을 정할 때도 그

때 가장 유행하는 과학 분야를 선택하는 거예요.

노블 나에게 부와 명예를 가져다줄 수 있는지 따져보고요.

엄융의 네, 그게 좀 더 안전하고 편한 길이니까요. 제일 유행하는 것을 택하게 되죠. 하지만 나중에, 우리 나이대가 되면 그게 정말 큰 실수였다는 걸 알게 돼요. 하지만 때는 너무 늦었고… 다른 길이 없어요. 그래서 저는 꼭 이렇게 말하고 싶어요. "네가 하고 싶은 것을 해라!"

노블 진짜로 하고 싶은 거요.

엄융의 그저 유행을 따르는 게 아니라요.

노블 그게 20년 뒤에도 유행하진 않을 테니까요.

엄융의 맞습니다. 그런데 나이 든 사람 모두가 우리처럼 생각하진 않을 거예요.

노블 네, 그럼요.

엄융의 모두 생각이 다르니까요. 주로 우리의 과거 경험이 현재의 생각을 형성해요. 교수님은 젊은 시절에 어땠어요? 자라면서 어려움을 겪은 적이 있나요? 힘들고 지친 젊은이들에게 도움이 될 만한 말이 뭔가 있을까 해서요.

노블 네. 사실 힘든 일이 많았어요.

저는 4형제 중 장남이었어요. 막내랑은 나이 차이가 좀 나요. 열두 살 차이거든요. 그런데 막냇동생이 여섯 살일 때 아버지가 돌아가셨어요. 저는 당시 열여덟살이었고 막 대학에

입학했을 때였죠. 그때부터 제가 집에서 어린 동생들의 가장 역할을 하게 됐어요. 물론 어머니가 계셨지만 나가서 돈을 벌어야 했으니까요. 그래서 저는 대학교에서 수업을 듣고 집에 와서 동생들의 저녁을 챙겨주곤 했죠.

엄용의 힘들었을 것 같아요.

노블 네, 그럼요. 늘 마지막 수업이 끝나자마자 집으로 달려 갔어요. 6시 30분 정도에 집에 돌아오면 저녁을 만들고 막 내를 챙기고 잘 준비는 다 했는지 등을 살펴봐야 했어요. 어머니는 일이 늦게 끝나서 꽤 늦은 시간에 집에 돌아왔어요. 그러면 저는 그때서야 해부학과 생리학 전공 책들을 읽기 시작했어요. 그리고 다음 날 오전 6시에 일어나서 자전거를 타고 학교에 갔죠. 집에서 자전거로 한 시간 정도 떨어진 곳이었거든요. 저는 가족들을 챙기고 가난한 가정 형편과 싸우면서 힘겹게 학업을 이어나갔어요. 하지만 결국에는 그모든 게 제 삶의 일부가 됐죠.

엄용의 한편으로 좌절을 일찍 경험한 것이 교수님에게 도움이 되었을 것 같아요.

노블 맞아요. 일이 잘못되고 상황이 힘들어져도 다시 일어설 수 있는 힘이 생겼죠. 이후에는 더 힘든 일들이 생겼으니까요. 어떤 상황에서도 살아날 길이 있고 또 찾아야 해요. 그리고 나에게 주어진 책임을 다할 수 있도록 내 삶을 관리할 줄 알아야 해요.

제가 이번에 한국에서 놀란 점은, 이곳에는 정말 능력 있는 수행자가 많다는 점이에요. 인생의 어려움을 겪고 있는 사람들에게 참선 명상을 알려주고 훈련하는 데 도움을 줄 수 있는 사람들이 정말 많아요.

꼭 스님이 아니어도 돼요. 특정 종교 색이 없는 그룹과 명상을 함께 해도 마찬가지로 도움이 되죠. 저는 그걸 확실히 느꼈어요.

엄용의 하지만 현대사회는 너무 이기적이에요. 이기심이 우리 사회를 파괴하는 원인이에요. 사회는 함께 공존하는 것을 뜻하는데 말이죠.

노블 맞아요. 하지만 제가 보기에 한국에는 이미 공존을 중요시하는 전통이 있어요. 그걸 다시 세우면 돼요. 예를 들면 한국은 성을 제일 먼저 쓰잖아요.

엄용의 맞아요.

노블 만약 제가 한국인이라면, 노블 데니스일 거예요.

그리고 저는 노블이라고 부르는 그룹의 첫 번째 사람이 되겠죠. 그리고 많은 노블들 중에서 저는 특히, 데니스라는 사람이죠.

저는 한국에 정말 훌륭한 전통이 있다고 생각해요. 공동체 의식을 재건하는 건 정말 중요한 일이라고 생각해요.

엄융의 우리의 좋은 전통을 되찾는 것이 정말 필요해요.

우리 문화는 서구의 영향을 많이 받아요. 하지만 서구 문화가 항상 우리에게 맞는 것은 아니에요. 그래서 어떻게 보면 건강한 사회를 유지하기 위해선 '우리 전통의 진정한 가치는 무엇인가'를 봐야 해요.

노블 맞아요. 사실 저는 영국 사람들도 그걸 배워야 한다고 생각해요.

다시 처음의 질문으로 돌아가볼까요. 우리가 40년 전과 같은 사람인지에 대해서요. 우린 누구인가요?

엄융의 누구일까요? 모르겠어요.

노블 저도 모르겠어요.

교수님도 저도 『금강반야바라밀경』을 읽었는데, 어떤 부분은 무슨 의미인지 모르겠다고 하셨잖아요. 특히 내가 누구인지, 내가 어떤 사람인지와 같은 질문에 대해선 정말 모르겠어요. 저는 사실 어떤 글에서는 저를 3인칭으로 쓰기도 해요. "이 남자는 누구였을까?"라고 물어요. 20대 초반에 세계 최초로 가상 심장을 개발한 사람? 그런데 그 사람이 60년 뒤에 자신이 배운 생물학의 근간에 의문점을 제기하는 사람이 될 줄 어떻게 알았겠어요.

그래서 저는 그때와 같은 사람이 아닙니다. 그건 확실히 말씀드릴 수 있습니다.

엄융의　네. 사실 누군가를 정의하는 것은 어려운 일이에요. 항상 변하니까요. 우리 대화가 너무 심각했나요?

노블　그럼 이제 적절한 유머로 마무리해봐요.

엄융의　어떻게 할까요. 음… 인생은 짧아요.

노블　맞아요. 그래서 즐겨야 해요. 삶에서 재미를 느껴야 한다고 생각해요. 우리 둘 다 재미있는 파티, 따뜻한 음식, 맛있는 와인을 즐기는 사람들이잖아요. 그러니까 저는… 신나게 살아라!

엄융의　인생을 즐기면서!

노블　목표를 정하고 계속해서 나아가라! 이렇게 세 가지로 마무리하죠. 이제 한잔하러 가요.

엄융의　그럴까요? 갑시다!

천년 고찰에서
나눈
대화

지리산 끝자락에 위치한 천년 고찰 실상사는 지역 주민, 농민, 학생들이 함께 모여 생활하는 공동체 사찰이다. 아직 선선한 바람이 불어오던 2019년 5월의 어느 저녁, 실상사 식구들은 당시 실상사에 머무르고 있던 데니스 노블 교수와 엄융의 교수를 모시고 '시스템 생물학과 불교'라는 주제로 이야기 나누는 시간을 가졌다. 설법전 안을 가득 메운 사람들은 어린 꼬마에서부터 나이 지긋한 어르신까지 나이도, 하는 일도 제각각이었으나 반응은 하나같이 뜨거웠다. 데니스 노블 교수는 연신 쏟아지는 진지한 질문들에 놀라워하며 열성을 다해 대화를 이

어나갔다. 대담은 열띤 분위기 속에서 원래 정해놓았던 시간을
훌쩍 넘기고 밤늦게까지 이어졌다.

엄융의 여러분, 데니스 노블 교수님이 어떻게 여기에 오셨는
지 궁금하실 겁니다. 그래서 노블 교수님과 저의 인연을 먼
저 간단하게 말씀드리고 대담을 진행하도록 하겠습니다. 저
는 사실 이 근처에서 초등학교를 다녔습니다. 남원군 산동
면에 있는 산동국민학교를 다니다가 중학교 때 전주로 가서
고등학교까지 다녔어요. 그 후 서울대학교 의대를 졸업하고
교수로 40년 동안 있다가 지금은 정년퇴임하고 명예교수로
있습니다.
제가 의과대학을 졸업한 뒤 교수가 되는 과정에서 외국에서
공부를 하고자 했던 시기가 있었습니다. 그때 영국 옥스퍼
드대학교의 노블 교수에게 편지를 썼습니다. 교수님께 의학
을 배우기 위해 그곳에 가고 싶다고요. 그랬더니 이 분이 지
금까지의 연구 실적을 보내보라고 하시더라고요. 그런데 그
때 저는 아무 연구 실적이 없었어요. 당시에 우리나라의 연
구 환경은 형편이 없었거든요. 그런데도 흔쾌히 받아주셔서
2년 동안 옥스퍼드대학교에 가서 연구를 하게 됐습니다. 그
인연이 지금까지 이어져서 올해로 40년이 됐습니다. 사제지

간을 넘어서 이제는 가족이자 친구가 되었죠. 10여 년 전에 제가 평소에 좋아하던 원효 스님을 소개하고 불교 서적을 몇 권 드린 적이 있어요. 그랬더니 어느 순간 저보다 공부를 더 많이 하셔서 이제는 원효 스님 전문가가 되셨습니다.

노블 교수님의 생물학 이야기가 조금은 쉽지 않을지도 모르 겠습니다. 이해하기 어려운 점이 있으시면 바로 질문해주세 요. 그리고 경청해주시면 감사하겠습니다.

데니스 노블   만나서 정말 반갑습니다. 저는 데니스 노블입 니다. 현재 옥스퍼드대학교에서 명예교수로 재직하고 있습 니다. 심장 생리학을 전공했고 생리학과 진화생물학 교수이 며 이 분야에서 꾸준히 일하고 연구하고 있습니다. 최근에 는 생물학 전반에 흥미가 생겼습니다. 특히 시스템 생물학 이라고 불리는 분야예요.

시스템 생물학이란 어떤 하나의 생물체를 하나의 시스템으 로 보고, 그 시스템 안에 있는 여러 가지 요소들이 서로 유 기적인 관계를 가진 채 서로 영향을 미치는 구조로 이해하 는 학문입니다. 그러니까 생물이라는 것을 기본적으로 하나 의 시스템이라고 보는 견해입니다.

DNA가 무엇인지 들어보신 분 있나요? 사실 DNA는 책 속 의 알파벳이라고 말할 수 있습니다. 엄청난 양의 DNA가 우리 몸속에 있습니다. 이를 책으로 만든다면 대단히 크고 어마어마하게 두꺼운 책이 될 것입니다. 책 안의 글자가 책이 아닌 것처럼 유전자가 곧 인간인 것은 아닙니다. 하나의 분자로서 DNA는 살아 있지 않아요. DNA는 스스로 협동할 수도 없습니다. 따라서 생명이란 유전자가 아닙니다. 우리가 살아 있는 것은 우리 안의 여러 요소가 상호작용을 하기 때문입니다.

시스템 생물학이 가진 이러한 관점은 불교와도 관계가 있습니다. 왜냐하면 인간과 동물, 식물 등을 더욱 총체적으로 생각하는 방식이기 때문입니다. 전체로서 세상을 바라보는 동양 사상과 잘 결합된다고 생각합니다. 특히 불교 사상과는 더욱 밀접하죠. 저는 시스템 생물학의 관점이 불교 사상의 상대성과 무아 개념 같은 부분과 연결되어 있다고 생각하며 많은 예를 발견하고 있습니다.

또한 불교를 공부하던 중에 한국의 원효대사를 알게 되었고, 그에게 단숨에 매료되었습니다. 그의 생각을 제대로 이해하기 위해서 한자를 열심히 공부했고 영어 번역과 일치하는지까지 꼼꼼히 살폈어요. 완벽한 번역이라는 건 없으니까요. 제가 정말 좋아하는 원효대사의 시 중에 씨앗과 열매에 대한 시가 있는데요. 한자로 된 글자들을 하나하나 읽으면서 굉장히 깊은 내용이 짧은 문구 안에 함축되어 있어 정말

시적이라고 느꼈습니다. 원효대사의 글에서 굉장히 깊은 감
동을 얻었죠.

질문 1. 제가 듣기로는 게놈 프로젝트가 성공하면 유전자 검사를
통해서 개개인이 걸릴 가능성이 높은 질환들을 미리 알게 되
고, 유전자를 조작하여 병을 예방할 수 있다고 들었습니다. 이
와 관련해 정부 주도의 연구도 진행되고 있는 것으로 알고 있
는데요. 거기에 대해서는 어떻게 생각하시나요?

엄융의 제가 말씀드리겠습니다. 모두 아시다시피 인간의 유전
자 지도가 2003년에 완성됐습니다. 처음 게놈 프로젝트가
시작될 당시 전 세계의 수많은 과학자들이 협동 연구를 하
기 시작했는데요. 그때 각국 정부에 연구비를 요청하면서
그 연구의 필요성과 목적을 그렇게 이야기했습니다. 유전자
의 구조가 밝혀지면 이 세상에 존재하는 여러 가지 난치병
을 미리 알 수 있는 데다, 쉽게 치료할 수 있는 방안도 나올
거라고요. 그래서 전 세계 언론과 방송이 대대적으로 그런
내용을 발표하기도 했습니다.
그러나 2003년에 마침내 유전자 지도가 발표될 때, 어떤 기
자도 취재하러 가지 않았어요. 아무 일도 생기지 않았죠. 그
러니까 유전자 지도가 밝혀졌다고 해서 바로 난치병이 쉽게

치료되는 것은 아닙니다. 단지 아주 희귀한 경우에 오로지 유전자 한두 개가 잘못되어서 생기는 희귀 질병은 그런 방법으로 진단을 할 수는 있습니다. 그렇다고 해서 유전자 검사만으로 치료가 가능한 것은 아닙니다.

질문 2. 세계적인 생물학자 중 『이기적 유전자』를 쓴 리처드 도킨스도 같은 옥스퍼드대학교에 계시는 것으로 알고 있는데, 리처드 도킨스의 견해에 대해서는 어떻게 생각하시는지 궁금합니다.

엄용의 두 분의 인연이 참 깊습니다. 학문적으로 많이 다투기도 하셨고요. 참고로 말씀드리자면 이분이 리처드 도킨스의 박사 논문을 심사하셨어요.

데니스 노블 저와 리처드 도킨스 교수는 서로의 이론을 두고 많은 논쟁을 벌여왔습니다. 『이기적 유전자』를 읽으신 분 있으면 손을 들어주시겠어요?

저의 의견은 리처드 도킨스의 견해와 반대편에 있습니다. DNA나 유전자는 그 자체로는 아무런 역할을 하지 못하고, 의미가 없다고 생각합니다. 제 책에도 그 부분에 대해 자세히 썼는데요. 리처드 도킨스 교수님은 아직 제 질문에 대한 답을 하시지 않은 상태입니다. 아, 개인적으로는 아주 사이

가 좋습니다. (웃음)

질문 3. 아까 교수님께서 시스템 생물학과 불교의 무아 개념이 연
관되어 있다고 말씀하셨는데 좀 더 설명을 해주실 수 있을까
요?

데니스 노블　　저는 '내가 왜 나인가'라는 질문을 생물학자로
서 이해하고 고찰해봤습니다. 우리는 많은 사회적 관계 속
에서, 즉 여러 사람과의 소통과 상호작용 속에서 나라는 인
간으로 만들어집니다. 이 사회적인 상호작용 때문에 나라는
존재를 나라고 이름 붙일 수 있게 되는 것입니다. 아무리 영
양분을 많이 주입한다 하더라도 접시 위에 있는 두뇌가 나
처럼 말을 하거나 느끼거나 보거나 듣거나 하는 일은 없습
니다. 그것은 내가 아니죠.
우리 인간이란 자기를 둘러싼 여러 가지 사회적 관계 속에
서 인간으로 만들어지는 것입니다. 만약에 어떤 인간이 밀
림 속에서 동물들과 함께 자라나고 살아간다면 진정한 의
미에서는 인간이라고 볼 수 없습니다. 왜냐하면 인간이라고
부를 수 있는 여러 가지 조건, 환경, 상호작용이 그곳에서는
충분히 주어지지 않기 때문이죠. 결국 그곳엔 나를 나이게
하는 고유한 부분은 어디에도 없다고 볼 수 있습니다.

질문 4. 교수님께서는 우리가 가지고 있는 DNA는 환경에 따라서 적절하게 변화하기 때문에 어떤 고정된 값이 아니라고 주장하시는 것 같습니다. 그런데 현재는 발현되지 못한다 하더라도 그 유전자가 그대로 저희 다음 세대, 또 다음 세대로 이어지므로 언젠가는 그 맹아가 발현될 수도 있다고 저는 학교에서 공부했었던 것 같아요. 고정적으로 유지되는 어떤 형질이 있다면, 교수님의 말씀과 약간 대치되는 게 아닌가요?

데니스 노블   아주 명쾌한 지적입니다. 리처드 도킨스와 벌였던 논쟁과도 일맥상통합니다. 그분의 이론에 따르면 당신이 아이에게 넘겨주는 유전자는 어머니, 아버지의 씨앗입니다. 그러나 인간의 수정체 역시 단세포이고, 세포 분열을 거치게 되면 그 안에는 부모의 유전자뿐 아니라 굉장히 많은 다른 요소들이 함께 들어 있습니다.

엄융의   사실은 굉장히 대답하기 어려운 질문인데요. 지금까지 우리 생물학자, 의학자 사이에서 '과연 유전자가 중요하냐, 환경이 중요하냐'에 대한 논쟁이 오랫동안 계속되어 왔습니다. 그런데 DNA가 발견된 후 리처드 도킨스 같은 유전자 결정론자들이 득세를 해서 유전자가 최고라는 게 일반론으로 여겨지게 되었고 우리가 배웠던 생물학 책에는 그렇게 적혀 있죠.

그러나 유전자가 혼자서 형질을 발현하는 게 아니라 자라오는 동안에 소위 후천적으로 얻어진 형질도 유전이 됩니다. 후천적으로 얻어진 형질이 유전이 된다는 것은 옛날 생물책에서는 전부 틀렸다고 되어 있어요. 그런데 지금은 그게 사실로 증명이 되었습니다.

저는 유전자도 대단히 중요하지만 그 유전자 못지않게 환경도 중요하다고 생각합니다. 만약에 '아빠의 유전자가 더 중요하냐, 엄마의 유전자가 더 중요하냐' 하고 싸운다면 어느 쪽이 맞을까요? 실제로는 유전자보다 태어나기 전 어머니 배 속에 있는 열 달 동안 어떤 환경에서 자랐는가가 아이에게 훨씬 더 큰 영향을 끼친다고 합니다. 그래서 어떤 측면에서 보면 아버지의 영향보다는 어머니의 영향이 훨씬 더 크다고도 볼 수 있겠죠.

질문 5. 한국에 대한 인상은 어떠셨나요?

데니스 노블   저는 지구 전체에서 한국을 가장 신나는 곳 중 하나로 꼽습니다. 어떤 의심의 여지도 없어요. 한국 하면 우선 아주 활기찬 도시 풍경이 떠오릅니다. 한국은 1953년 한국전쟁이 끝나고 황폐한 상태에서부터 시작해 세계적 강대국이 되었습니다. 여러 대단한 기업과 대학이 있고 현대 기술 발전에 기여하고 있기도 하죠.

하지만 저에게 한국이 흥미로운 진짜 이유는 급속도로 발전한 현대 과학과 과거로부터 계승되어 온 전통을 모두 존중하는 나라처럼 보이기 때문입니다. 사찰 같은 전통 문화유산과 최첨단 과학 기술이 한데 공존하고 있어요. 저는 한국의 그런 면을 대단히 좋아합니다. 에너지 넘치면서도 오래된 것과 새로운 것이 함께 어우러진 매력적인 나라예요.

질문 6. 혹시 교수님의 종교는 무엇인지요?

데니스 노블　　태어나기는 기독교인으로 태어났죠. 하지만 친구와 동료들 중에서는 무슬림도 있고 도교인 분도 있고 굉장히 다양한 종교를 가진 분들이 많습니다. 제가 꿈꾸는 세상은 어떤 종교를 믿느냐가 중요하지 않은 그런 세상입니다. 한국의 위대한 승려인 원효대사는 모순되는 여러 가지의 논리를 통합한 분으로 많은 존경을 받고 있잖아요. 당시 도교와 불교를 결합시키는 어떤 하나의 이론을 완성한 분이죠. 그런 관점에서 저는 믿고 있는 종교가 없거나 아니면 모든 종교를 다 믿는다고 할 수 있습니다. 여러 종교들에서 동시에 많은 도움을 받고 있기 때문입니다.

한국의 사찰에서 지내면서 많은 것을 보고 듣고 사람들과

만나면서 저는 지금까지 살아오면서 삶에 대해 정립해온 저
만의 생각들이 불교와 굉장히 가깝다고 개인적으로 느끼고
있습니다. 여기서 하고 있는 모든 경험이 저에게 아주 큰 선
물입니다.

저는 실상사에 처음 왔을 때 느꼈던 놀라움을 잊을 수 없어
요. 이런 절은 처음입니다. 절 안에서 일반인들을 이렇게 많
이 만날 수 있으리라곤 상상도 못 했어요. 더군다나 젊은 사
람들이 많고요. 이곳 실상사가 가지고 있는 독특한 분위기
가 있습니다. 절 안에 공동체가 있고 많은 사람이 연결되어
소통하고 어떤 상호작용을 통해 절이 살아 움직이는 듯한
모습이 굉장히 인상적이었습니다. 실상사가 이런 모습을 계
속 유지해나갈 수 있으면 좋겠습니다.

질문 7. 교수님께서 생각하는 열반이란 무엇입니까?

데니스 노블   저는 그런 질문에 대해 완전히 다른 사고방식
과 문화를 가진 국가에서 왔습니다. 불교의 열반이라는 개
념 자체에 대해 생각할 때 저는 여태까지 고수해왔던 모국
의 전통적인 사고방식들에서 벗어나 저 스스로에게 거리를
두려고 노력합니다.

제가 생각하는 열반은 영원에 대한 믿음이나 약속이 아니

라, 어쩌면 죽음에 대해 평화로운 마음의 상태를 가지는 것에 가깝다고 생각합니다. 우리는 모두 죽을 테니까요. 따라서 이 세상에서 다른 사람들에게 행하는 일들을 통해서 살아 있는 동안 평화롭고 행복한 마음의 상태를 성취하는 것이라고 봅니다. 그래서 마침내 죽음을 마주할 때 후회하지 않고 평화롭게 잠드는 것이요. 그것이 제가 생각하는 열반입니다.

질문 8. 생물학 연구를 통해 모든 생명이 연결되어 있다는 것을 알게 된 후 실제로 일상생활이나 삶의 태도에 어떤 변화가 있으셨는지 궁금합니다.

데니스 노블   아주 유명한 영국 시인인 존 던(John Donne)의 시를 인용하고 싶습니다. "누구도 외딴 섬이 아니다. 어떤 사람도 그 자체가 전체인 섬이 아니다. 사람은 누구나 대륙의 한 조각이며 전체의 일부다." 모두가 서로에게 연결되어 있고 의존하는 존재이기 때문에 인간은 결코 섬으로 살 수 없습니다.

우리가 한 개인으로 살면서 어떤 사회의 일원으로서 참여하고 한 부분으로서 같이 존재하는 것이 굉장히 중요한 지점이라고 생각합니다. 저 역시 그러한 부분을 많이 노력하고 있습니다.

아시다시피 저는 과학자이지만, 음악을 사랑하는 사람으로서 옥스퍼드 내에서 여러 사람들과 어울려 음악 활동을 하기도 합니다. 음악가들이 모여서 같이 연주하는 것을 즐기고 마지막 연주를 할 때는 청중도 다 같이 노래를 합니다. 정말 멋진 일이에요.

우리는 공동체를 이루고 있을 때 서로가 서로를 치유할 수 있는 힘이 됩니다. 공동체가 우리 사회의 가장 큰 치유제가 될 수 있습니다. 그 부분에 대해 말하는 불교 자체가 하나의 약이라고 생각합니다.

질문 9. 저는 죽음을 떠올리면 숨이 막히고 무서운 마음이 듭니다. 가끔씩 자다가 죽는 꿈을 꾸면 커다란 공포를 느끼고 발작을 하며 깨기도 합니다. 내가 죽으면 인식도 할 수 없고 아무것도 아닌 무(無)가 된다는 것, 내 존재가 아예 사라진다는 것이 굉장히 무섭습니다.

데니스 노블   정말 어려운 질문입니다. 내가 이 세상에 없으면 나의 마음도 없어진다고 하셨죠. 그런데 나의 마음이라는 것은 무엇일까요? 그 마음이라는 것이 어떤 사회적 관계나 조건 속에서 존재하는 건 아닐까요? 마음이라는 게 어디에 있을까요? 현대 치료학에서는 내 마음이라는 것도 죽음 후에 지속되는 것이 아닐까 하는 의견도 있습니다. 마음이 어떤 하나의 개체로서 존재하지 않고 예를 들면 내가 쓴 책이나 나를 생각하는 사람들의 기억 속에, 그리고 나와 교류했던 사람들의 마음속에 존재한다는 의미에서 나의 마음이라는 게 죽지 않는다는 관점도 있습니다. 글쎄요, 우리는 죽으면 어디로 가는 걸까요?

제 생각에 불교에서 굉장히 중요한 부분 중 하나가 죽음을 있는 그대로 받아들인다는 측면입니다. 죽음이라는 것을 하나의 현상으로서 받아들이는 태도가 굉장히 중요하다고 생각합니다.

몇 년 전에 저는 아주 가까운 가족을 간병하면서 그가 죽음에 이르는 과정을 곁에서 지켜보아야 했습니다. 그때 저는 명상 수행법을 통해서 그 상황을 조금 더 잘 견딜 수 있게 되었습니다. 옥스퍼드 내에 태국 사찰이 있는데 그곳에 방문해서 명상 수행을 하면서 굉장히 많은 도움을 얻었어요. 결국 누군가 죽음에 이르고 절망적인 순간에 직면했을 때 명상을 통해서 그 상황을 조금씩 받아들이고 무사히 지나갈 수 있었던 게 무척 놀랍기도 하고 개인적으로 매우 큰 행운이라고 생각했습니다.

질문 10. 교수님께서도 자신의 죽음이 두려우신가요?

데니스 노블   저 역시 시시각각 죽음이 가까워지고 있다는 사실 앞에서 자유롭지 못합니다. 제 생각에 죽음은, 우리가 삶을 조심스레 대할 수 있도록 해준다고 생각합니다. 삶이 무엇이냐고 묻는다면 죽기 이전의 상태라고 말할 수도 있겠죠. 사실 우리 모두 자연스럽게 죽음을 두려워하는 것 같습니다. 하지만 우리는 죽음에 가까워질수록, 오히려 삶은 무엇인가에 더 집중해야 할 겁니다.

저처럼 나이가 들어 살날이 얼마 안 남았다는 생각이 들면 자연스럽게 그 두 질문에 집중하게 됩니다. 산다는 것은 무엇이고 죽는다는 것은 무엇인가?

저의 경우에는 과학자로서 수많은 질문으로 다시 이어졌습니다. 나는 무엇인가? 이 꽃은 무엇인가? 저 나무는 무엇인가? 이런 질문들이 저를 더 불교적으로 생각하게 만들었어요. 불교의 명상은 항상 그런 것들을 자문하게 하잖아요. 내가 누구인지, 세상의 다른 것은 무엇인지를 스스로에게 질문하게 합니다. 그래서 나이가 들어 필연적으로 죽음에 대해 생각하면 생각할수록 더욱 삶에 대해 생각할 수밖에 없어집니다. 더 나아가면 그에 대해 초연해질 수 있겠죠.

저는 지금 죽고 싶지는 않지만 죽음이 크게 두렵지는 않습니다. 저는 그 일이 일어날 것이라는 사실에 대해 어느 정도 초연한 느낌이 듭니다. 나이가 들어서 먼저 삶이 무엇인가에 대해 집중하면 자연히 죽음을 덜 두렵게 느낄 거라고 생각합니다.

질문 11. 이론적으로 죽음이 없다는 말은 일면 이해가 되지만 막상 자식을 잃은 부모에게 가서 우리가 그런 말을 하며 위로할 수 있을까요. 어떻게 보면 조금 무책임하게 느껴지기도 합니다.
'죽음은 없을지 모르지만 죽음으로 인한 고통과 슬픔이 분명히 존재한다.' 이 부분에 대해 어떻게 생각하시나요.

데니스 노블   사랑하는 사람을 잃는 고통이라는 건 절대로 없어질 수 없죠. 그것을 어떻게 할 방법은 없습니다. 제가 말할 수 있는 건 분명히 이론적인 부분입니다. 현실적인 고통을 어떻게 다루고 나아갈 것인가 하는 부분에 대해서는 각자 여러 방법이 있겠지만 저의 경우에는 명상 수행이 많은 도움이 되었습니다.
제 개인적인 견해로는 고통이라는 것도 꼭 사라져야만 하는 것은 아니라고 생각합니다. 왜냐하면 고통 역시 어떤 상호작용의 일부이고 함께 살아왔던 시간 속에서 남겨진 사람이 가질 수밖에 없는 필연적인 감정이며 죽음을 맞은 사람과 연결되어 있는 감정이기도 하니까요.

질문 12. 현대 과학의 상대성이론과 원효대사의 '일체유심조' 사이에는 어떤 유사성이 있습니까?

데니스 노블　　무척 어려운 질문입니다. 간단히 설명해서 '일체유심조'라는 이론을 우리 몸의 생체로 예를 들어보겠습니다. 우리 몸에 있는 여러 가지 조직이나 세포, 이런 모든 것들이 서로 유기적으로 결합하여 어떤 하나의 조직체를 만들어내듯이 마음이라는 것도 어떤 통합성 속에서 존재한다는 이론으로 저는 이해하고 있습니다. 예를 들어서 어떤 사람의 뇌에 약간 문제가 생겼을 때, 통합적인 사고를 하지 못하고 생각이 분열되는 경우들도 있다는 것이죠. 상호작용의 문제가 생겼기 때문에 그렇게 된다는 것입니다.

문어가 여덟 개의 다리를 마음대로 움직이는 걸 보면 하나가 아니라 여러 개의 중심에 따른 지시가 있는 것이 아닐까 여겨지기도 하는데요. 그 모든 것을 조종하는 어떤 하나의 구심점이 있다면 그것을 의식이라고 보기도 합니다.

사실 이 의식이라는 것에 대해서 아직까지 현대 과학은 충분한 설명을 제시하지 못하고 있습니다. 마음이나 의식에 대해서 완벽하게 설명할 수 있는 과학 이론은 아직 없어요. 혹시 그 부분이 궁금하시면 앞으로 과학자가 되어서 한번 도전해보십시오.

오늘 대담은 여기까지 하겠습니다. 이렇게 훌륭한 관객은 처음이에요. 정말 감동적인 시간이었습니다. 대단히 감사합니다.

내 안의 두려움을 마주하는 인생의 지혜를 찾아서

오래된 질문

초판 1쇄 발행 2021년 5월 12일
초판 5쇄 발행 2022년 1월 3일

지은이 다큐멘터리 〈Noble Asks〉 제작팀 · 장원재
펴낸이 김선식

경영총괄 김은영
책임편집 박혜원 **디자인** 황정민 **책임마케터** 최혜령
콘텐츠사업4팀장 김대한 **콘텐츠사업4팀** 황정민, 임소연, 박혜원, 옥다애
마케팅본부장 이주화 **마케팅1팀** 최혜령, 오서영
미디어홍보본부장 정명찬 **홍보팀** 안지혜, 김민정, 이소영, 김은지, 박재연, 오수미
뉴미디어팀 허지호, 임유나, 박지수, 송희진, 홍수경
저작권팀 한승빈, 김재원 **편집관리팀** 조세현, 백설희
경영관리본부 하미선, 박상민, 권송이, 김민아, 윤이경, 이소희, 이우철, 김혜진, 김재경, 최완규, 이지우

펴낸곳 다산북스 **출판등록** 2005년 12월 23일 제313-2005-00277호
주소 경기도 파주시 회동길 490 다산북스 파주사옥 3층
전화 02-702-1724 **팩스** 02-703-2219 **이메일** dasanbooks@dasanbooks.com
홈페이지 www.dasanbooks.com **블로그** blog.naver.com/dasan_books
종이 (주)아이피피 **출력** 한영문화사 **후가공** 제이오엘앤피 **제본** 정문바인텍

ISBN 979-11-306-3754-9 (03100)

다산북스(DASANBOOKS)는 독자 여러분의 책에 관한 아이디어와 원고 투고를 기쁜 마음으로 기다리고 있습니다.
책 출간을 원하는 아이디어가 있으신 분은 다산북스 홈페이지 '원고투고'란으로 간단한 개요와 취지, 연락처 등을 보내주세요.
머뭇거리지 말고 문을 두드리세요.